财经院校通识教育核心课程系列教学辅导书

社会学教程习题集

SHEHUIXUE JIAOCHENG XITIJI

主编 刘芳 副主编 陈运 黄世坤

西南财经大学出版社

财经院校通识教育系列教材编委会

主任委员：封希德　王裕国

副主任委员：杨继瑞　刘　灿

委　　员：胡良贵　边慧敏　张邦富　毛洪涛

唐晓勇　曾　狄　伍　韧　刘方健

辜堪生　刘大林　杨　丹　高晋康

幸强国（排名不分先后）

序

在百舸争流、千帆竞发的改革开放大潮中，西部唯一的财经类全国重点大学——西南财经大学，正快速步入人才培养、科学发展的新时期。

在这个新时期，人类社会的变革前所未见的迅猛、深刻、广泛。以电子信息科技、生命科技和纳米科技为带头学科的现代科学技术突飞猛进、高速发展；经济全球化、信息化、知识化的浪潮汹涌澎湃，势不可挡地席卷世界的每一个角落。综合国力竞争日益激烈，但归根结底体现在人才特别是高端创新型人才的培养与造就上。在这个新时期，我国经济体制深刻变革，社会结构深刻变动，利益格局深刻调整，思想观念深刻变化。中国特色社会主义的高等教育正在实现或者说已经完成从“精英教育”向“大众化教育”的转变。正是在这个新时期，西南财经大学所面临的机遇前所未有，所面临的挑战也前所未有。我们一直在严肃思考、热烈讨论这样一个重大问题：面对新的机遇与挑战，取得过卓越成绩的西南财经大学如何更好地发挥作为国家金融、经济高层次人才培养、科学研究和学术交流重要基地的作用，并力求得出一个更为完美的答案。

西南财经大学广大师生在学校党委、行政的带领下，立足自身实际，深入学习、广泛调研了国内外高水平大学的办学经验，经多轮反复论证，形成了学校“十一五”发展规划，明确了建设特色鲜明高水平大学的奋斗目标。

大学以人才培养为本，以高素质人才为基。人才培养质量，直接受制于人才培养模式。为了培养高质量的人才，必须转换现行人才培养模式，改革课程设置，塑造具有优良的思想道德素质、合理的知识结构、健全的人格素养的创新型人才，满足全面建设小康社会和构建社会主义和谐社会的需要。

经过一年多的实践和探索，学校初步形成了一整套具有我校特色的本科人才培养模式，即强化通识教育，实施在通识教育基础上的宽口径专业教育模式，着力构建在通识教育基础上的有财经学科特色的专业教育体系。在课程设置上，按“立足学科前沿，加强基础训练，重视综合交叉”的思路，形成了

“五个层级(含公共基础课、文理基础课、大学科基础课、专业主修课、文化素质课)+个性化模块(自由选修课)”的课程结构体系;针对本科一二年级主要修读“两基一文”(含公共基础课、文理基础课、文化素质课)课程,开设人文科学类重点建设的12门通识教育核心课程:中国传统文化概论、逻辑学导论、历史通论、社会学通论、艺术导论、科学技术史、大学物理、大学语文、法学通论、经济学通论、管理学通论、心理学导论。与这一新课程设置体系相配套,学校出台了各专业本科课程修读顺序及学时学分计算等一系列具体规定。新的课程体系逻辑结构清晰、层次分明,操作有序、简便、可行。

新模式的实施注重大学生身心素质培养,强调人文与科学的交融、基础与专业的贯通,促进了学生知识、素质、能力的协调发展,为广大学子增强综合素质搭建了良好的平台,受到广大师生的好评,引起了社会的关注。全校师生积极参与,热情投入新模式的实践,结出了令人欣慰的初步成果,“财经院校通识教育核心课程系列教材”的出版,就是其中之一。

学校高度重视通识教育核心课程系列教材的建设工作。编写队伍学术实力强,教学经验丰富,注意吸收改革开放以来我国相关学术研究最新成果,跟踪国际学术发展新动态,力求使教材内容反映当代学术前沿;同时,立足新时期本科教学特点,使学术性、新颖性、可读性有机结合。学校期望通过出版与使用这套通识教育核心课程系列教材,达到让学生拓宽视野、扩大知识面、提高人文素养、塑造科学精神的目的,也希望能为我国高等财经院校通识教育及其课程建设作出有益的探索。

是为序。

王裕国

2007年9月4日

目　录

第一章　社会学学科概述

一、学习目的和要求

通过本章的学习，让学生粗线条地了解西方社会学的产生与发展的历史过程和时代背景，认识西方社会学的产生与发展过程中的重要人物、代表著作、主要观点和学术贡献，理解这些重要人物对社会学的产生与发展所作出的独特贡献。了解西方社会学是如何传入中国并在中国扎根和发展的，把握社会学在中国是如何由引进、吸收、融合进而走上本土化发展道路的。

在了解不同学者对社会学研究对象的不同看法的基础上，正确认识社会学的研究对象，把握社会学的研究领域及基本问题。正确认识社会学的知识体系与学科特点，能够对社会学的学科功能有一个大致的了解。

二、内容提要

社会学的产生绝非偶然，而是有着深刻的社会历史、思想及学科发展的背景。

社会学的产生，一般认为是以 1838 年法国著名学者孔德（Auguste Conte）出版《实证哲学教程》第四卷为标志。在第四卷中，孔德第一次提出了“社会学”这个概念以及建立这门学科的大体设想，并为此作了毕生的努力，成为西方社会学界公认的创始人。

在社会学的形成与发展阶段，孔德、马克思、斯宾塞、迪尔凯姆（或译涂尔干）、韦伯等人都作出过各自不同而又十分重要的贡献。自萨姆纳将社会学引入美国之后，美国相继兴起了芝加哥学派和结构功能学派，此后又进入以符号互动理论、社会交换理论等为代表的学派鼎立时期。

社会学于 19 世纪末 20 世纪初传入中国，经历了传入、本土化发展以及中断后的恢复重建时期。

不同的学者对于社会学的研究对象到底是什么，存在着不同的看法。我们认为，社会学研究的基本问题在于：个人与社会的关系、社会结构与社会秩序、社会变迁。社会学学科的知识体系主要由三大方面组成：社会学理论、社会研究方法和应用社会学。社会学的学科特点主要有：整体性观点；方法和知识的综合性；科学性；应用性；建设性和批判性。社会学具有重大的理论和实践价值，其功能可以从不同的角度来理解。

三、重点、难点问题解析

（一）孔德创立社会学时为什么要走实证路线？

孔德创立社会学，是希望能够建立起一门专门研究社会的科学，这门科学应当能够和自然科学一样，尤其是能够像物理学那样成为一门真正的科学，从而全面摆脱过去受神学和经院哲学的影响而带有强烈思辨色彩的社会哲学。对社会的研究同样可以借助于自然科学的方法来进行，比如观察、实验、比较和历史的研究方法。对这些实证方法的运用，表明对社会的研究建立在经验事实的基础之上，既是必要的也是可能的。实证路线作为一种方法论路线，坚持认为科学的假说必须由经验事实来检验，理论只有得到经验证据的完备支持时才可以接受。实证路线使孔德创立的社会学最终成为一门独立的科学有了可能。在斯宾塞、迪尔凯姆等杰出的社会学家的努力下，社会学的一个支派——实证社会学最终形成了。

（二）社会学形成时期有哪些人作出过杰出贡献？

在社会学形成时期，初步奠定了社会学的三大取向：实证社会学、批判社会学、诠释社会学。法国哲学家孔德以其开创性贡献——在《实证哲学教程》第四卷中第一次提出了“社会学”这个新名词以及建立社会学的大体设想，使其成为西方社会学的创始人。英国哲学家和社会学家斯宾塞提出的社会进化论和社会有机体论，使他成为社会达尔文主义的创始人。法国社会学家迪尔凯姆第一个将实证方法运用于社会现象的研究，以至于有学者认为严格意义上的社会学创始人要从迪尔凯姆那里开始。孔德、斯宾塞和迪尔凯姆三人被认为是实证社会学的奠基人。德国伟大的思想家马克思对资本主义的深刻认识和他的阶级理论、冲突理论、异化理论，对后来法兰克福学派批判社会学理论产生了深远的影响，因此有学者也将马克思作为批判社会学的开创者。德国杰出的社会科学家韦伯提出了社会学应当是一门致力于解释性地理解社会行动的科学，由此开启了与实证社会学相对立的诠释社会学研究取向。

（三）社会学的研究对象究竟是什么？

在社会学发展史上，关于社会学究竟研究什么，一直存在着不同的看法。社会学家们从多个角度去研究社会，从而确定了各自的社会学研究对象。孔德认为，社会是一个整体，社会学就是要研究社会的结构和社会进步，进而提出社会动力学和社会静力学的社会学学科体系。马克思从经济基础出发分析社会结构以及社会关系，并且特别看重阶级关系。韦伯是第一个提出社会学是研究社会行动的社会学家。他认为，社会行动是指人们有意识的、注入了某种社会意义的、并与他人发生关联的行动。在现代社会研究中，当从功能主义视角去分析社会的分化与整合时，社会制度也是基本的入手点。从 19 世纪中叶起到 20 世纪 30 年代初，中国社会学家孙本文在《社会学原理》一书中就介绍了 9 种关于社会学研究对象的不同看法：①社会学是研究社会现象的；②社会学是研究社会形式的；③社会学是研究社会组织的；④社会学是研究人类文化的；⑤社会学是研究社会进步的；⑥社会学是研究社会关系的；⑦社会学是研究社会过程的；⑧社会学是研究社会现象之间的关系的；⑨社会学是研究社会行为的。关于社会学研究对象的看法林林总总，仁者见仁，智者见智。在某种意义上，我们可以说，任何与人们的社会活动相关的现象都属于社会学的研究对象。

四、练习题

（一）单项选择题（从给出的 4 个备选答案中选出 1 个正确答案并将其填入题干后的括号里）

1. 1830—1842 年，法国哲学家孔德出版了六卷本名著（　　）。

A.《实证哲学教程》

B.《实证哲学概论》

C.《实证政治体系》

D.《主观的综合》

2. 1838 年，（　　）在其著作《实证哲学教程》第四卷中第一次提出了“社会学”这个新名词以及建立这门新学科的大体设想，这标志着社会学学科的产生，他也因此被称为社会学的创始人。

A. 马克思

B. 孔德

C. 韦伯

D. 迪尔凯姆

3. 在“社会学”这一学科概念正式提出之前，孔德曾经将用自然科学的精确方法研究社会的学科称为（　　）。

A．天体物理学

B．社会物理学

C．地球物理学

D．实证社会学

4．（　　）是马克思用经验方法分析资本主义社会的经典之作，被认为是关于资本主义社会的社会学著作。

A．《神圣家族》

B．《德意志意识形态》

C．《资本论》

D．《法兰西内战》

5．社会进化论（也称社会达尔文主义）的创始人是（　　）。

A．斯宾诺莎

B．华莱士

C．达尔文

D．斯宾塞

6．法国第一个获得任命的社会学教授迪尔凯姆明确指出社会学有独立的研究对象，即（　　）。

A．社会制度

B．社会事实

C．社会问题

D．社会关系

7．在孔德之后，用统计方法研究自杀现象，实践了孔德开启的实证主义社会学的构想，并成为最早用实证方法研究社会现象的社会学家是（　　）。

A．迪尔凯姆

B．圣西门

C．韦伯

D．斯宾塞

8．（　　）认为社会学是一门致力于解释性地理解社会行动，并通过理解对社会行动的过程和影响做出因果说明的科学，并开创了与实证主义社会学相对立的“理解的”社会学传统，成为理解社会学的奠基人。

A．帕累托

B．滕尼斯

C．齐美尔

D．韦伯

9．1873 年，（　　）在耶鲁大学讲授社会学课程，他被认为是美国社会学的创始人。

A．帕克

B．萨姆纳

C．索罗金

D．科恩

10．19 世纪末 20 世纪初在美国形成了社会学的第一个学派（　　），该学派大大推动了城市问题研究和社区研究。

A．冲突理论学派

B．结构功能主义学派

C．芝加哥学派

D．批判理论学派

11．将欧洲社会学理论引入美国，建立了结构功能理论并形成了结构功能学派的美国著名社会学家是（　　）。

A．帕森斯

B．戴维斯

C．默顿

D．威廉斯

12．在德国社会学的当代发展中，以（　　）为代表的社会冲突理论发起了对帕森斯的结构功能理论的巨大挑战，并成为当代社会学的重要流派。

A．霍曼斯

B．达伦多夫

C．布劳

D．布鲁默

13．在法国社会学的当代发展中，法国思想家（　　）通过对权力、权力的谱系学的分析，展示了后现代主义的观点和对现代权力观的否定。

A．哈贝马斯

B．卢曼

C．福柯

D．布迪厄

14．当代英国社会学家（　　）的结构化理论在弥合行动与结构的二元对立方面的努力，也得到了社会学界的称赞。

A. 加芬克尔
B. 米德
C. 米尔斯
D. 吉登斯

15. 社会学在中国出现的时间大致是（　　）。

A. 19 世纪末 20 世纪初
B. 17 世纪末 18 世纪初
C. 18 世纪末 19 世纪初
D. 20 世纪末 21 世纪初

16. 有学者认为，中国社会学肇始于 1891 年（　　）在广州长兴里万木草堂讲学。长兴学舍的学科分类有义礼、考据、经世、文章四种，在经世之学中列有“群学”。

A. 孙中山
B. 康有为
C. 梁启超
D. 杨锐

17. 由于翻译斯宾塞的著作到中国来，（　　）被认为是向中国引入西方社会学的第一人。

A. 严复
B. 康有为
C. 章太炎
D. 谭嗣同

18. 1902 年，章太炎翻译了日本学者岸本能武太的（　　）一书，被认为是首部整本引进的外国社会学著作。

A.《社会学原理》
B.《社会学》
C.《社会学教程》
D.《普通社会学》

19. 在中国学者中，（　　）最早使用“社会学”一词。

A. 严复
B. 康有为
C. 谭嗣同
D. 章太炎

20. 1916 年，（　　）在北京大学讲授社会学是中国人在大学讲授社会学的开始。

A. 孙本文

B. 梁启超

C. 康宝忠

D. 晏阳初

21. 在下列我国大学中，较早设立社会学系的大学是（　　）。

A. 厦门大学

B. 燕京大学

C. 清华大学

D. 南开大学

22. 在吴文藻先生任燕京大学社会学系系主任期间，该系曾创办学术刊物（　　），成为当时社会学界的重要学术园地。

A.《社会学研究》

B.《社会学家》

C.《社会》

D.《社会学界》

23. 1949 年以前，中国社会学界最重要的教科书和学术著作是由孙本文撰写的（　　）。

A.《社会学概论》

B.《社会学原理》

C.《社会学》

D.《社会学历史、理论与方法》

24. 1979 年 3 月 30 日，（　　）在其《坚持四项基本原则》的著名讲话中指出社会学"需要赶快补课"，正式开启了重建社会学的进程。

A. 胡耀邦

B. 叶剑英

C. 胡乔木

D. 邓小平

25. 什么是社会学？社会学是从（　　）出发，通过社会关系和社会行动来研究社会结构及其功能、社会过程及其原因和规律的社会科学。

A. 社会整体

B. 社会现象

C. 社会问题

D. 社会研究方法

（二）多项选择题（从给出的5个备选答案中选出2～5个正确答案并将其填入题干后的括号里）

1. 孔德认为社会学研究应该用下列哪些方法？（　　）

A. 观察的方法

B. 实验的方法

C. 比较的方法

D. 历史的方法

E. 理想类型

2. 在孔德看来，人类精神的发展经历了下列哪些阶段？（　　）

A. 神学阶段

B. 形而上学阶段

C. 科学阶段

D. 有机团结阶段

E. 机械团结阶段

3. 孔德提出的“实证”一词具有哪些含义？（　　）

A. 现实的而非幻想的

B. 有用的而非无用的

C. 可靠的而非可疑的

D. 确切的而非含糊的

E. 肯定的而非否定的

4. 马克思从经济角度对人类历史进程进行了解释，其中哪些已经成为社会学理论中永久的组成部分？（　　）

A. 诠释学理论

B. 现象学理论

C. 阶级理论

D. 冲突理论

E. 异化理论

5. 下列著作中，哪些是英国哲学家和社会学家斯宾塞的？（　　）

A.《资本论》

B.《社会静力学》

C.《社会学研究》

D.《社会学原理》

E.《人类科学概论》

6. 韦伯开创了与实证主义社会学相对立的“理解的”社会学传统，成

为理解社会学的奠基人。在方法论方面，他提出了下列哪两种独特的见解？（　　）

A．观察法

B．比较法

C．实验法

D．理想类型

E．价值中立

7．下列著作中，哪些是法国社会学家迪尔凯姆的？（　　）

A．《新教伦理与资本主义精神》

B．《社会分工论》

C．《自杀论》

D．《宗教生活的基本形式》

E．《社会学方法的规则》

8．在当代社会学的发展中，属于法国的著名社会学家有哪些？（　　）

A．吉登斯

B．布迪厄

C．福柯

D．卢曼

E．达伦多夫

9．1915 年发表的中国学者撰写的第一本社会学著作《中国乡村与都市生活》的作者是（　　）。

A．陶孟和

B．梁宇皋

C．费孝通

D．雷洁琼

E．吴文藻

10．社会学的基本问题一般包括三个方面，分别是（　　）。

A．社会心理

B．社会价值观念

C．个人与社会的关系

D．社会结构与社会秩序

E．社会变迁

11．社会学的学科知识体系一般包括三部分，分别是（　　）。

A．社会学理论

B. 社会研究方法
C. 应用社会学
D. 社会问题
E. 社会制度

12. 社会学的学科特点表现为（　　）。

A. 整体性观点
B. 方法和知识的综合性
C. 科学性
D. 应用性
E. 建设性和批判性

13. 社会学的研究对象可以包括（　　）。

A. 社会关系
B. 社会结构
C. 社会行动
D. 社会过程
E. 社会制度

14. 社会学的研究范围涵盖了人类社会活动的各种领域，这也形成了诸多分支社会学，如按人类活动领域而形成的有（　　）。

A. 经济社会学
B. 政治社会学
C. 法律社会学
D. 家庭社会学
E. 宗教社会学

（三）辨析题（判断正确或错误并简单地说明理由）

1. 实证方法是自然科学使用的基本方法，在对社会的科学研究中不能使用。

2. 在孔德看来，对社会现象的研究主要包括社会静力学和社会动力学。

3. 社会学与经济学、政治学和法学虽同属于社会科学，但由于研究对象不同，因此这些学科之间没有什么联系。

4. 社会学就是关系学。

（四）简答题

1. 社会学产生的条件有哪些？

2. 社会学的学科特点有哪些？

3. 社会学的学科知识体系包括哪些？

4．社会学的功能有哪些？

（五）论述题

1．西方社会学产生与发展的历史大致是怎样的？

2．社会学在中国的发展经历了哪些阶段？

3．社会学研究的基本问题有哪些？

（六）材料分析题

1．以下文本资料是关于社会学创始人孔德的述评，试通过这些资料分析社会学创立的时代背景以及今天我们应当如何正确认识孔德。

孔德创立的社会学思想有其积极的理论贡献，它来源于"从自然科学奔向社会科学的潮流"。它否定了以往社会学说中占统治地位的神创论，批判了把社会当成个人理性意志产物的观点，要求把社会看成自然的合乎规律的现象，提出建立研究社会规律的"社会学"以取代由臆想构成的"乌托邦"，这是社会思想史上的一大进步。孔德关于社会是一个有机整体的观点，特别是他的"社会静力学"对社会结构及其功能的分析，对后来西方社会学的社会有机论和结构—功能主义产生过显著影响。他重视实证知识，重视观察事实，重视对社会制度、社会结构的分析研究，承认历史过程的规律性；他主张用实证主义原则建立社会学，这对于当时盛行的宗教神秘主义和形而上学思辨方法来说，具有显著的进步意义。但是，孔德的不幸在于，他企图通过实证方法来反对一切思辨，而事与愿违，他提出的社会静力学和社会动力学的理论却都带有明显的思辨性质；他把社会现象的原因归结为思想和意见，以及关于社会发展三时期、知识发展三阶段的观点，是典型的历史唯心主义；他主张建立和谐稳定的社会秩序，反对工人革命，是对当时工人运动的反动。正是在这个意义上，马克思批判孔德"在政治方面是帝国制度（个人独裁）的代言人；在政治经济学方面是资本家统治的代言人；在人类活动的所有范围内，甚至在科学范围内是等级制度的代言人"。孔德所谓的实证方法，也带有明显的机械论和生物学倾向。尽管孔德的社会学理论有许多局限，但在当时的社会历史条件下，他主张用严谨的实证知识反对形而上学的思辨，符合科学发展的内在需要；他力图建立用实证主义原则研究社会规律的社会学，并对它的研究对象和研究范围作了简单的界定，为社会学的学科建设奠定了基础。自孔德提出"社会学"的名称之后，经过斯宾塞（Herbert Spencer）的具体化和迪尔凯姆（Emil Durkheim）的规范化及美国社会学者的研究，社会学逐渐成为一门科学。

——席恒．孔德其人及对社会学的理论贡献．西北大学学报：哲学社会科学版，2001（4）：117－118.

2. 以下是关于“社会学是什么”的不同论述，试结合教材观点分析我们应当如何认识社会学这门学科。

材料一：

我们便可以简要地把社会学定义为关于现实社会的结构、功能、运行和变迁的一般原理以及关于社会管理原则与方法的科学。这个定义并未把社会学的全部研究对象都概括了进去，而只包含了其所研究对象的主要、基本的部分。

——袁亚愚．普通社会学教程．成都：四川大学出版社，1997：17.

材料二：

社会学就是对处于不同地位、具有不同利益的人们之间的社会关系的研究，并据此分析社会的结构、功能与运行机制，解决各种现实社会问题，促进社会进步的一门学科。简而言之，社会学就是从社会关系和社会行为的角度来研究社会的结构、功能、发生、发展规律，解决社会问题的一门科学。

——韦克难，等．社会学概论．修订本．成都：四川出版集团、四川人民出版社，2006：4..

材料三：

我们给社会学下这样的定义：社会学是关于社会良性运行和协调发展的条件和机制的综合性具体社会科学。为了简便，我们把这个定义代表的观点浓缩，称为“社会运行论”。社会学的一个特点是它研究别的社会科学都涉及但不作专门研究的东西。“社会良性运行和协调发展的条件和机制”正是这样一种“别的社会科学都涉及但不做专门研究的东西”。

——郑杭生．社会学概论新修．第3版．北京：中国人民大学出版社，2003：3.

材料四：

正如我们所看到的，社会学包含形形色色的理论观点。有时不同理论立场之间的争论非常激烈，但这种多样性正是这门学科富有力量和活力而不是走向衰弱的征兆。

所有社会学家都同意社会学是一门抛开我们个人对世界的看法，更加仔细地考察那些塑造我们的生活以及其他人生活的因素的一门学科。随着现代社会的发展，社会学作为一个独特的智力成果出现了，而且对这样的社会的研究仍是其主要的关注点。但是，社会家也对社会互动以及人类社会的总体本质这些范围广泛的问题怀有浓厚的兴趣。

——安东尼·吉登斯．社会学．第4版．赵旭东，等，译．北京：北京大学出版社，2003：18.

材料五：

社会学是对人类社会和社会互动进行系统、客观研究的一门学科。社会学学科可以使我们超越仅局限于将社会视为一个整体的观念——即那种认为社会成员、构成该社会的群体和机构，以及改变社会的力量均享有共同的价值观念。

——戴维·波普诺．社会学．第10版．李强，等，译．北京：中国人民大学出版社：3.

五、参考答案要点

（一）单项选择题

1. A　2. B　3. B　4. C　5. D　6. B　7. A　8. D
9. B　10. C　11. A　12. B　13. C　14. D　15. A　16. B
17. A　18. B　19. C　20. C　21. A　22. D　23. B　24. D
25. A

（二）多项选择题

1. ABCD　2. ABC　3. ABCDE　4. CDE　5. BCD
6. DE　7. BCDE　8. BC　9. AB　10. CDE
11. ABC　12. ABCDE　13. ABCDE　14. ABCDE

（三）辨析题

1. 答：错误。

（1）实证方法是自然科学研究使用的基本方法，这种方法认为，科学的假说必须由经验事实来检验，理论只有得到经验证据的完备支持时才可以接受。

（2）在孔德看来，“实证”一词具有如下含义：现实的而非幻想的；有用的而非无用的；可靠的而非可疑的；确切的而非含糊的；肯定的而非否定的。

（3）孔德认为，科学的任务是发现和描述事物现象之间重复出现的规律，而超出这些可描述现象之外的认识，就失去了科学性。所以孔德认为，在对社会的科学研究中应该采用实证方法。

2. 答：正确。

（1）孔德把社会静力学和社会动力学作为社会学研究领域的基本分类。

（2）社会静力学是对社会体系和社会构成要素的静态考察。它将社会视为一个有机整体，以此分析其组织和谐与存在的条件。

（3）社会动力学是对社会进步过程的动态分析，它不涉及对具体历史事件的研究，而是抽象地对社会进化规律作总体性描述。

3．答：错误。

（1）社会学和政治学、经济学和法学都属于社会科学，虽然研究对象的侧重点不同，但彼此联系十分紧密。

（2）社会学是综合性社会科学，它以各种社会现象为对象，综合地研究各种现象之间的联系；经济学、政治学和法学是单科性社会科学，它们只是研究社会生活的某一个方面，即经济、政治和法律侧面。

（3）随着学科之间的交叉，在这些学科之间也产生了一些边缘学科，如经济社会学、政治社会学、法律社会学，这些学科的出现将会深化对相关社会现象的认识。

4．答：错误。

（1）根据教材观点，社会学是从社会整体出发，通过社会关系和社会行动来研究社会结构及其功能、社会过程及其原因和规律的社会科学。

（2）关系学可以包括两个层面的问题，一是正常的属于公共关系学范畴的问题，二是非正常的属于庸俗关系学范畴的问题。

（3）将社会学视为关系学，容易落入庸俗关系学的圈套中，原命题的错误则更加显然。

（四）简答题

1．答：社会学的产生绝不是偶然的，而是有深刻的社会历史、思想及科学发展的背景。

（1）社会历史条件。资本主义的经济发展带来了迅速的社会变迁和众多社会问题，资本主义社会各种矛盾的发展和重新认识资本主义社会并对之进行改良的需要是社会学得以产生的社会历史条件。

（2）思想条件。社会学的产生是建立在古今中外思想家们关于社会的探索的基础上的，同时启蒙运动以来人们对古代和中世纪便已存在的社会历史哲学普遍感到厌弃也是社会学从神学和哲学中独立出来的重要原因。

（3）学术条件。自然科学迅速发展，各门社会科学不断独立和分化出来，19 世纪时在英、法等国发生的对实际社会问题、社会现象的经验研究是社会学得以产生的学术条件。

2．答：社会学的学科特点表现在：

（1）整体性观点。整体性观点认为社会、社会现象内部存在着复杂的联系，要研究某种社会和社会现象，就要把它放入复杂的关系之中，以利于分析和解释问题。

（2）方法和知识的综合性。社会学研究的问题十分广阔，需要运用多种知识和跨学科的研究方法。

（3）科学性。社会学强调将定量方法与定性方法结合起来研究社会现象，这是其科学性、科学态度的表现。

（4）应用性。社会学的应用性是指其务实的取向和追求。

（5）建设性和批判性。社会学建立之初就有两个基本取向，即维护改良取向和革命批判取向，两者是相互依存、相互促进的。

3．答：社会学学科的知识体系包括三个部分：社会学理论、社会研究方法和应用社会学。

（1）社会学理论也称理论社会学，它是对社会构成要素、社会关系、社会行动、社会结构、社会过程、社会制度、社会变迁等问题的理论性分析。

（2）社会研究方法是从事科学的社会学研究所使用的方法和手段。

（3）应用社会学是指将社会学理论和社会研究方法运用于某一社会现象、社会问题的研究。

4．答：社会学的功能是指社会学这门学科对于人类和具体社会的运行所起的作用。

（1）为社会发展战略的选择和政策制定提供科学依据。

（2）有利于制定和实施科学的社会规划。

（3）社会学能提供组织管理的知识。

（4）为建立健康、文明的生活方式和提高生活质量作出贡献。

（五）论述题

1．答：西方社会学的发展历史大致是：

（1）西方社会学产生与发展的历史已经有 170 多年。一般认为是以 1838 年法国著名学者孔德出版《实证哲学教程》第四卷为标志。在第四卷中，孔德第一次提出了“社会学”这个概念以及建立这门学科的大体设想。

（2）欧洲是社会学诞生的摇篮。在社会学的形成阶段，下列五位学者、思想家都作出过杰出的贡献：①孔德。他被西方社会学界公认为社会学的创始人。他提出了社会学研究的实证主义的方法和路线，认为社会学的研究范围包括社会动力学和社会静力学，提出了著名的人类精神发展的三阶段论（神学阶段、形而上学阶段和科学阶段），晚年致力于将实证主义改造成“人道的”宗教。②马克思。他从经济角度分析资本主义的成就与弊端，对资本主义社会进行过深刻分析，《资本论》被认为是关于资本主义社会的社会学著作，他的阶级理论、冲突理论和关于异化的思想是社会学理论中永久的组成部分。③斯宾塞，英国哲学家和社会学家。他提出的社会进化论和社会有机体论将社会学这门学科向前大大地推进了一步。④迪尔凯姆，法国社会学家。他在社会学方法、社会分工、自杀现象以及宗教社会学等领域的研究成就斐然。⑤韦伯，德国社会学家和历史学家。他开创了诠释社会学的传统。

(3) 社会学传入美国以后，迎来了它的蓬勃发展期。萨姆纳最早将社会学引入美国并在耶鲁大学讲授社会学课程。社会学的"芝加哥学派"成为美国社会学史上的第一个学派。后来的"结构功能学派"对美国和世界社会学的发展都产生了深远的影响。20 世纪 60 年代以后，美国社会学进入一个学派空前繁荣的鼎立时期，使美国至今仍然是世界上社会学最发达的国家。

(4) 在西欧国家的当代社会学发展中，也取得了明显的发展并形成了一些有自己特点的理论流派。如德国以哈贝马斯为代表的法兰克福学派、法国以布迪厄为代表的结构主义建构论和英国以吉登斯为代表的结构化理论，都对当今世界社会学有着重要的影响。

2. 答：社会学在中国的发展经历了以下三个阶段：

(1) 社会学的出现和传入阶段。社会学基本上属于西学，于 19 世纪末 20 世纪初传入中国。在社会学传入中国的过程中，严复、康有为、章太炎、谭嗣同等人都从不同角度作出了重大贡献。

(2) 20 世纪前半叶的中国社会学的本土化探索阶段。20 世纪初，社会学课程在高等学校中出现。其中，厦门大学、燕京大学、清华大学、北京大学、云南大学等院校的社会学研究取得了一些突出成果，这一时期也涌现出了诸如康宝忠、陶孟和、梁宇皋、吴文藻、晏阳初、李景汉、陈达、孙本文等杰出学者，他们都对社会学的本土化发展作出了不可磨灭的贡献。

(3) 改革开放以来中国社会学的恢复与重建阶段。1952 年，受前苏联的影响，我国取消了社会学在高校中的学科地位，社会学被迫中断其发展。1979 年，在邓小平"补课论"的鼓舞下，正式开启了重建社会学的进程。1980 年建立了中国社会学研究会（后改为中国社会学会）。1980 年到 1982 年，上海大学、北京大学、中山大学、南开大学等高校率先建立社会学系，1980 年中国社会科学院建立社会学研究所。此后，社会学的教学、科研和队伍建设都取得了重大发展。进入 21 世纪，中国社会学又迎来了一个生机勃勃的、崭新的发展阶段。

3. 答：社会学研究的基本问题包括如下一些方面：个人与社会的关系、社会结构与社会秩序、社会变迁。

（1）个人与社会的关系是社会学研究的最基本的问题。这包括：为什么个人要加入各种社会群体成为社会之一员？自然人是如何变为社会人的？其内在机制是什么？在这一过程中，个人与社会的互动关系及现实环境的作用是什么？人在社会互动中遵循的规则是什么？等等。

（2）在社会结构方面的主要问题有：社会的基本结构是什么？人们活动于其中的基本群体形式有哪些？初级社会群体在其成员发展方面的意义何在？它对社会运行的功能是什么？社会组织在现代社会中的地位怎样？它对组织成员和现代社会的意义是什么？社会的纵向结构是怎样的？社会阶层对于社会成员和社会运行有什么作用？社会采用何种制度去维持社会秩序和促进社会结构的改变？社会制度发挥作用的机理是什么？它又是如何发生变化的？

（3）在社会变迁方面的基本问题有：社会变迁的主要动因是什么？它的基本形式有哪些？社会问题对于社会变迁的意义何在？人类社会发展的前景如何？人类可否规划社会变迁以减少无计划变迁对社会形成的损害？现代社会的变迁对于人的生存和发展的意义何在？等等。可以发现，社会学关心的基本问题既包括对社会的认识，也包括对人的关怀。

（六）材料分析题

1. 答：通过这段材料，可以帮助我们更好地认识和评价孔德并了解社会学产生的时代背景。

（1）从社会学产生的时代背景来看，19 世纪末 20 世纪初，各种社会矛盾和问题日益显现，各种社会思潮和社会运动也频频出现。人们希望能够找到更好的认识社会和改造社会的方法，卢梭、孟德斯鸠、圣西门等思想家在孔德之前就已经在为此而探索。

（2）从社会学创始人孔德的个人经历来看，孔德生活在法国大革命之后社会动荡、政局不稳的历史时期，他的人生和家庭生活也是坎坷多难。这也直接地影响到孔德学术思想的形成与转变。

（3）在社会学发展史上，孔德作为创始人在如下方面作出了突出贡献：他提出了“社会学”这个名词，指出了社会学的研究领域和研究方法。尤其是他的实证主义哲学思想为后来斯宾塞、迪尔凯姆等人沿着实证社会学路线继续开拓奠定了基础。他关于社会静力学和社会动力学的学科划分至今还有一定的影响。

（4）当然，孔德的学说也有不足，一方面源于其时代的局限，另一方面其理论中的虚构、思辨的色彩依然很浓。虽然他希望社会学能够像物理学等自然科学那样成为一门真正的科学，但他提出的研究方法也没有切实地应用于他的社会学研究中。

2. 答：上述材料都在试图回答“社会学是什么”这么一个学科界定的问题，而且说法不一，各有侧重。

（1）分析五个材料中界定概念的差异所在。材料一侧重于从社会要素的结构、功能与变迁的角度来界定社会学；材料二突出的是社会关系、社会行为和社会问题在社会学研究中的重要地位；材料三则从社会学的学科特点和功能出发，指出社会学在中国本土化发展的当代意义；材料四从社会学给人的感觉和社会学家应该做什么出发来解释社会学，它并没有刻意要为社会学下一个准确的定义；材料五强调的是社会学的学科功能与视野，它也没有从概念的内涵或外延来作界定。

（2）需要指出的是，当社会学作为一门学科被确立之后，学者们对社会学的研究对象的认识就更加具体化了。实际上这些不同的对象只是社会现象的某一个特定层面，确定某一社会要素为研究对象有利于深入具体地去研究社会，但从任何一个具体的研究对象出发的研究都有其局限性。

第二章　社会与文化

一、学习目的和要求

通过本章的学习，让学生正确认识什么是社会，把握社会概念的内涵。明确个人与社会的基本关系，理解社会是人的社会、人是社会的基本构成要素，掌握社会的类型与特点。要求学生掌握文化的内涵、类型、特性、结构与功能，理解社会的传续更重要的是文化的传续，文化的创造与发展与个人发展、与社会发展都密切相关，正确对待本民族文化、主文化与亚文化、民族中心主义与文化相对主义等多元文化现象。

二、内容提要

在我国古代，“社会”一般是指民间的、有一定联系的人形成的社会活动的形式。在社会学中，社会指的是由有一定联系、相互依存的人们组成的超越个人的、有机的整体，它是人们的社会生活体系。社会的特点有三方面：多样性、复杂性、变动性。作为社会行动者的人具有两重属性：生物性和社会性。社会关系是社会结构的基本元素，社会是社会关系的体系。社会角色的多样性，决定了社会关系的多样化。社会是一个行动的体系。如果从社会角色背后的行动的角度看社会，可以说社会是其成员复杂行动的体系。

文化是人类所创造的物质的和精神的成果，它包括人类创造的器物和其他物质产品、技术和知识、规范和习惯、信仰和价值等。它是与自然物相对应的人类所创造的物质产品和精神产品的总和。文化的结构包括了文化的三个层面：文化元素、文化丛、文化模式。文化具有整合功能、导向功能、维持秩序的功能和传续功能。由于人们生活于其中的环境不同，人们谋生的手段和方式不同，所创造出来的文化也不同，由此形成文化的多样性。它可以表现在主文化与亚文化、民族中心主义与文化相对主义等差异之中。文化变迁的两大原因：一是人们的发现和发明，二是文化传播。

两种文化的接触通常会引发文化冲突或文化融合。

三、重点、难点问题解析

（一）社会可以等同于“江湖”吗？

在社会学中，“社会”不是我们经验意义上的狭隘的“江湖”、“民间”、“世道”。在我国古代，“社会”一般是指民间的、有一定联系的人形成的社会活动的形式。中文社会学文献中所使用的学术概念“社会”来自于日本学者对西方社会学概念 society 的翻译，近代中国学者在翻译日本社会学著作时沿用了这种译法。自社会学产生后，“社会”一词自然就成为了社会学中的核心概念。所谓社会，指的是由有一定联系、相互依存的人们组成的超越个人的、有机的整体，它是人们的社会生活体系。它有如下含义：第一，社会是人的社会，是由有意志的个体组成的，是人们共同生活的结合体。第二，社会是个体通过互动而形成的，是一个互动的体系。共同兴趣和结合在一起带来的利益是人们结成社会的深层原因。第三，社会是由相关的社会关系积累、连接而成的，社会是社会关系的体系，这些社会关系是具体情况下人们共同活动的规范。然而，“江湖”一词在《现代汉语词典》（修订本）中的释义为：①旧时泛指四方各地；②旧时指各处流浪，靠卖艺、卖药等生活的人，也指这种人所从事的行业。将学科意义上的“社会”与日常用语中的“江湖”作比较，两者意义不可等同。

（二）离开了“文化”，还有“社会”和“社会人”吗？

文化是社会的重要组成要素。人类社会与动物群体的重大差异就在于人类有丰富的文化，文化传承对于人类社会的维系和发展具有重要的作用。安东尼·吉登斯在其《社会学》一书中就曾指出，“文化”是社会学中最为广泛使用的概念之一。所有社会的整合都依赖于这样一个事实：它们的成员是在共同文化造就的结构化的社会关系中被组织起来的。没有社会，文化就不可能存在；没有文化，社会也不可能存在。没有文化，我们便根本不能被称为通常意义上我们所理解的“人”。我们将失去表达自我的语言，没有自我意识，我们的思考和推理能力也将受到极大的限制。当然，文化也必须由人创造、使用和传承。文化是人类所创造的物质和精神的成果，它包括人类创造的器物和其他物质产品、技术和知识、规范和习惯、信仰和价值等。文化具有十分丰富的内容，它是与自然物相对应的人类所创造的物质产品和精神产品的总和。文化是人类适应和改造自然环境，进行共同的社会生活的经验。所以，离开了文化，就没有现实意义上的“社会”

和“社会人”。

四、练习题

(一) 单项选择题（从给出的4个备选答案中选出1个正确答案并将其填入题干后的括号里）

1. 关于我国典籍中的“社会”里的“社”，以下说法不正确的是（　　）。

A. 在我国的古典文献中，“社” 是指用来祭神的地方。

B. “社” 在古代指祭祀谷神的地方。

C. 社也是古代的一种乡村基层组织。

D. 我国古代的 “社” 也指信仰相同、志趣相投的人结成的团体。

2. 下列关于社会学中的 “社会” 的说法，不正确的是（　　）。

A. 社会是由有一定联系的人们组成的

B. 社会是超越个人的、有机的整体

C. 社会是人们的社会生活体系

D. 没有人的地方也有社会

3. 中文社会学文献中所使用的学术概念 “社会” 来自于哪国学者对西方社会学概念 society 的翻译？（　　）

A. 中国

B. 日本

C. 新加坡

D. 韩国

4. 下列哪种社会类型是由卡斯特提出来的？（　　）

A. 网络社会

B. 后工业社会

C. 传统社会

D. 现代社会

5. 社会特点有三个方面，不包括（　　）。

A. 多样性

B. 复杂性

C. 变动性

D. 普遍性

6. 下列关于 “作为行动者的人” 的叙述，不正确的是（　　）。

A. 具有社会性的人不应当具有生物性

B. 人是社会的最基本构成要素

C. 人是自然界长期进化的结果

D. 人是有目的、有意识的行动者

7. 从纽带的角度看，社会关系基本上分为三大类，不包括（　　）。

A. 血亲关系

B. 地缘关系

C. 业缘关系

D. 公众关系

8. 下列关于“文化”的说法，不正确的是（　　）。

A. 文化是社会的重要组成要素

B. 文化不是人类学的主要研究对象

C. 文化传承对于人类社会的维系和发展具有重要作用

D. 文化是人类所创造的物质的和精神的成果

9. 文化有三个层次的含义，小尺度的文化是指（　　）。

A. 物质文化

B. 科学文化知识

C. 制度文化

D. 精神文化

10. 共产主义信仰属于（　　）。

A. 产品文化

B. 理念文化

C. 工具文化

D. 智能文化

11. 农民耕地时使用的犁头、耕牛、套具等属于（　　）。

A. 工具文化

B. 智能文化

C. 规范文化

D. 理念文化

12. 下列文化形态中，不属于精神文化的是（　　）。

A. 技术知识

B. 风俗习惯

C. 宗教信仰

D. 交通工具

13．文化中最小而有意义的单位是（　　）。

A．文化模式

B．文化丛

C．文化元素

D．亚文化

14．下列关于文化多样性的观点中，不正确的有（　　）。

A．由于人们生活于其中的环境不同，所以创造的文化不同

B．文化的差异也就是指文化的特殊性

C．文化有了多样性就必然没有普同性

D．不同阶层可能会有不同文化

15．在一定族群中处于次要地位的文化，称为（　　）。

A．边际文化

B．反文化

C．主文化

D．亚文化

16．站在本民族文化的立场上，认为本民族的文化优于其他民族的文化，进而排斥和否定其他民族文化的现象，被称作（　　）。

A．文化相对主义

B．我族中心主义

C．原教旨主义

D．种族主义

17．关于中国传统文化的基本特点的说法中，不正确的是（　　）。

A．开放自由浪漫

B．重实际求稳定

C．以家族为本位

D．重人伦轻自然

18．从最本质的角度讲，文化变迁来自于（　　）。

A．战争

B．自然灾害

C．人们的发现和发明

D．文化传播

19．两种文化接触时在价值观念、行为规范、行为方式等方面发生的互相反对的情况，被称作（　　）。

A．文化冲突

B．文化融合

C．文化变迁

D．文化传播

20．拥有两种文化的群体在相互交往的过程中，原来的两种文化相互吸收对方的长处而趋于一致的现象，被称作（　　）。

A．文化冲突

B．文化融合

C．文化变迁

D．文化传播

（二）多项选择题（从给出的5个备选答案中选出2~5个正确答案并将其填入题干后的括号里）

1．斯宾塞认为，社会像生物体一样具有完备的器官构成和内部功能系统，社会的器官可以包括（　　）。

A．家庭制度

B．礼仪制度

C．政治制度

D．教会制度

E．血液循环系统

2．社会的含义有三个方面，分别是（　　）。

A．社会是人的社会

B．社会是一个互动的体系

C．社会是社会关系的体系

D．社会是文化的产物

E．社会是观念的虚构

3．关于社会的性质，一直存在两种争论，它们是（　　）。

A．社会唯实论

B．社会唯名论

C．社会建构论

D．社会控制论

E．社会耗散论

4．斯宾塞以社会内部的管理类型为主要依据将社会分为哪两类？（　　）

A．自然社会

B．农业社会

C．现代社会

D．军事社会

E．工业社会

5．以地缘关系为纽带形成的生活共同体有（　　）。

A．邻里

B．村落

C．城镇

D．社区

E．家族

6．以业缘关系为纽带形成的社会有（　　）。

A．家庭

B．经济组织

C．政治组织

D．教育卫生组织

E．宗教组织

7．作为现实的、社会的人，它同时具有下列哪两种属性？（　　）

A．生物性

B．社会性

C．神圣性

D．创造性

E．能动性

8．马斯洛认为人们一般都具有的需要是（　　）。

A．生理的需要

B．安全的需要

C．归属或爱的需要

D．自尊的需要

E．自我实现的需要

9．形式社会学派是研究社会交往的纯粹形式的社会学流派，他们认为由人与人的社会交往形式反映的社会关系具有普遍性，并把它们分为（　　）。

A．序列关系

B．敌对关系

C．结合关系

D．分离关系

E．混合关系

10．在横山宁夫的社会关系分类中，结合关系包括（　　）。

A．竞争关系

B．和睦关系

C．协作关系

D．共同关系

E．强制关系

11．人在处理人与自然的关系时产生的文化，可以包括（　　）。

A．产品文化

B．工具文化

C．智能文化

D．规范文化

E．理念文化

12．规范文化包括（　　）。

A．风俗习惯

B．礼仪规则

C．社会制度

D．宗教信仰

E．住房服饰

13．文化的特性有（　　）。

A．文化只是人类处理人与自然的关系的经验

B．文化的东西必然与自然存在的东西相对立

C．文化是由人创造出来的和学到的

D．文化是群体共享的

E．文化是建立在象征符号之上的

14．文化的结构包括（　　）。

A．文化融合

B．文化元素

C．文化丛

D．文化模式

E．文化冲突

15．文化的功能包括（　　）。

A．整合功能

B．导向功能

C. 维持秩序功能

D. 传续功能

E. 表现功能

（三）辨析题（判断正确或错误并简单地说明理由）

1. 社会唯实论比社会唯名论更有道理。

2. 作为一个现实的、社会的人，生物性和社会性同时集于一身。

3. 社会关系就是人际关系。

4. 文化不但有特殊性，也有普同性。

（四）简答题

1. 人的社会性的主要表现有哪些？

2. 社会的特点有哪些？

3. 马斯洛的需要层次理论认为人的需要一般包括哪些方面？

4. 文化的特性有哪些？

（五）论述题

1. 试述社会的构成要素。

2. 文化的结构是怎样的？

3. 试析文化的功能。

（六）材料分析题

1. 下述材料是关于人的本质的论述，请结合教材关于社会与人的关系的知识进行分析。

人的本质是类本质、群体本质和个体本质的有机统一。其一，作为类的存在物，人具有区别于其他动物的类特性，即人的类本质或一般本质，这就是人的自由自觉的实践。其二，作为群体的存在物，人与人之间必然结成一定的社会关系，处于不同社会关系中的人具有不同的规定性，这就是人的群体本质，即社会关系。其三，作为个体的存在物，个人之间的需要千差万别，他们必然具有把不同个人相互区别开来的内在的特殊规定性，这就是人的个体本质，即人的需要。总之，人的本质就是人的类本质、群体本质和个体本质的有机统一，人就是在一定的社会关系中进行实践活动以满足人的需要的社会存在物。

——万光侠．人的本质新解．山东师范大学学报：社会科学版，1998(3)．

2. 下述材料是关于我国动漫亚文化的论述，请结合教材谈谈你对亚文化的认识。

我国动漫亚文化特征解读

我国青少年中存在着规模巨大的漫画、动画、卡通消费群体，伴生这种消费而来的是发展迅速的动漫亚文化。如今，灌篮高手、名侦探柯南、蜡笔小新、圣斗士星矢、机器猫等卡通人物不仅为儿童喜欢，在中学生、大学生甚至研究生中也很有市场。中央电视台及各省台设立了独立的动画频道，新浪、搜狐等大型网站辟有动漫专区，校园里以卡通创作、欣赏、交流为目的的动漫社团火爆，动漫展在各地频繁举办……种种事实昭示动漫已经成为生活中的文化现象，已成为青少年的又一文化选择……

（一）以日、美卡通为主要内容的亚文化

国产卡通最早出现在20世纪20年代，发展中曾经取得过辉煌的成就，多部动画片曾在国际上获奖。然而近年来艺术风格独树一帜的中国动画学派在国际动漫界的声音渐微，我们当下的卡通文化也呈现出了新的特征。2003年，复旦大学动画课题组对京沪青少年的调查显示，京沪两地均有八成左右的青少年对美国、日本卡通片情有独钟，两地青少年对美、日卡通片的偏好明显高于对国产卡通片的偏好。在青少年（大学、高中、初中、小学不同年级组）最喜爱的十部卡通片中，国产卡通片除了《葫芦兄弟》与《我为歌狂》外均未入围。更令人尴尬的是，青少年最喜欢的十个动画角色中，日、美卡通人物特别是日本卡通人物取得压倒性优势，本土角色只有孙悟空入围，但也只能屈居第三。日本、美国等国家动画产业化道路起步较早，动画制作已形成从创作到营销的一整套成熟体制。相比之下，虽然我国本土卡通片出现的时间不晚，但产业化起步较晚，卡通创作人才少、技术水平相对落后，因此导致成长过程中“营养不良”，致使在竞争激烈的动画市场上后劲不足。很显然，我国卡通市场的“日化”、“美化”是导致卡通文化“日化”、“美化”的直接原因。

绝大多数青少年已接受了日本、美国的卡通，他们认为日、美卡通的表现形式与风格才是可接受的。我们的民族卡通虽然很有特色，水墨动画片、剪纸片、拉毛动画片、贴纸动画片、木偶片、泥塑木偶片，在国际上也得到了赞赏，但在卡通文化中却成了弱势文化。就拿在我国家喻户晓的本土人物孙悟空为例，青少年喜欢《七龙珠》（日本卡通片）里的孙悟空，却冷落了《大闹天宫》里的美猴王。中国卡通片有取材于传统神话故事的良好传统并讲究忠于原著，但卡通片毕竟有别于历史剧，一部短短的卡通片的承载如果过于沉重，观众就会敬而远之。国外许多卡通角色的“祖籍”是中国，但其作者会给予“卡通化”的诠释以增加趣味性。迪斯尼制作的《花木兰》里木须龙与蟋蟀两个诙谐角色的加盟，调和了木兰代父从军的严肃题材。影片上映后受到广泛的欢迎。很多华裔电影评论家也认为，《花木兰》以美国人喜闻乐见的形式推广了中国文化，获得了成功，受到普遍的欢迎，其介绍中国文化的方式值得借鉴。本土卡通片的传统性与现代性、民族性与普世性的不兼容，给了日、美等国的卡通片以可乘之机。

（二）向大众文化过渡的亚文化

与我国动漫文化是一种亚文化不同，日本、美国的动漫文化呈现的是大众文化的姿态。动漫迷见于不同年龄段人群。在我国，动漫文化的消费大军仍旧是青少年，是一种在青少年中存在的亚文化现象。但这种亚文化的弥散性使其具有向大众文化过渡的趋势。这种趋势在我国已日益显露。卡通形象在城市中的弥漫从侧面反映了大众对动漫文化的认同。早在2000年7月，北京就出现了有卡通警察图案的民警提示牌，卡通形象首次为形象一贯严肃的公安机关服务。此后，广州、福州、济南、包头等城市还推出了自己的卡通警察形象。2005年1月，真人般大小的“卡通民警”阿陵和金金也开始在上海市南京路步行街上岗。敖幼祥、几米、朱德庸、蔡志忠的漫画作品在各年龄群中的风行也是动漫文化向大众传播的一个例子。另外，我国对动漫产业化的扶持，也在客观上加速了卡通亚文化向大众文化过渡。

（三）教育性与腐蚀性并存的亚文化

题材健康的卡通片对青少年的积极影响是毋庸置疑的。动漫这种形式可以让人在娱乐中潜移默化地接受教育。动漫大师宫崎峻导演的《风之谷》探讨了人与自然的关系，引发青少年思考人与自然如何和谐共处；《萤火虫之墓》控诉了战争的残酷，呼吁人们热爱和平。蔡志忠的古籍漫画系列则让青少年轻松地领会中国传统文化的精髓。然而正如法国思想界的先锋人物罗兰巴特说过的那样，作者对业已完成的文本再也无力加以控制，相反，读者可以自行决定如何解读。青少年也可以对卡通片做自行解读。他可以把蜡笔小新的好色、使坏解读为可爱并模仿，可以欣赏《猫和老鼠》里老鼠对猫的捉弄，并在现实生活中解读为学生对老师的捉弄。市面上的卡通片良莠不齐，一些内容涉及暴力、色情、血腥的卡通片将腐蚀青少年的思想。下文将在青少年人格的形成、民族精神的养成、青春期教育等方面对卡通亚文化的负功能即其腐蚀性做专门探讨。总之，动漫亚文化也可以用“双刃剑”这个词来形容。如何趋利避害，营造健康的卡通文化，是需要我们冷静思考的问题。

——石勇．动漫文化：不可小觑的青少年亚文化．中国青年研究，2006(11).

五、参考答案要点

（一）单项选择题

1. B　2. D　3. B　4. A　5. D　6. A　7. D　8. B
9. B　10. B　11. A　12. D　13. C　14. C　15. D　16. B
17. A　18. C　19. A　20. B

（二）多项选择题

1. ABCD　2. ABC　3. AB　4. DE　5. ABCD
6. BCDE　7. AB　8. ABCDE　9. CDE　10. BCDE
11. ABCE　12. ABC　13. CDE　14. BCD　15. ABCD

（三）辨析题

1. 答：错误。

（1）社会唯实论认为，社会是实在的，是客观存在的。社会是由各种规范和制度构成的有机整体，社会外在于个人、超越个人，并对个人具有强制性。

（2）社会唯名论与社会唯实论相反，它认为个人与个人行动是实际存在的，个人及其行动相对于社会来说是先在的，社会只是个人行动的产物或互动的形式；对社会的认识是以对个人的认识为基础的，认识社会的目的也是为了认识个人。

（3）社会唯实论与社会唯名论从两个不同的角度去看待社会，这两种社会观各执一端，既有长处也有不足。因此，不能说两者谁比谁更有道理。在社会学研究中，将这两种观点进行综合利用，会更有利于对社会的认识。

2. 答：正确。

（1）人是社会生物体，人有两种属性，即自然属性和社会属性。

（2）人的生物性表现为人首先是一个生物体，是有生命的动物。另外，人的生物性还表现在人的本能上。

（3）人的社会性是指个体接受群体和社会的文化而表现为群体和社会成员的特征，是他遵照社会规范参与群体和社会生活的特性。

（4）生物性是一个人存在和活动的社会基础，而社会性则是人区别于动物的最本质的特征。正是具有社会性的人的结合才构成社会。所以说，作为一个现实的、社会的人，生物性和社会性同时集于一身。

3. 答：错误。

（1）社会关系是社会结构的基本元素，社会关系是人与人之间的关系，但社会关系不是指个别人之间的关系，而是社会中具有一定普遍性的联系。

（2）在社会群体中，人与人之间的关系通常被称为人际关系，这是一些具体的关系。对人际关系的研究主要涉及当事人的心理、情感和情景方面。

（3）社会关系则从更加概括和抽象的意义上说明处于相同或类似的社会相对位置上的人们之间的共有的行为模式。从结构的角度来看，社会关系是在社会中占有一定位置的社会角色之间的关系，即它们之间的稳定的、合乎社会期望的相互作用的模式。因此，不能简单地认为社会关系就是人际关系。

4．答：正确。

（1）文化上的差异实际上是指文化的特殊性，它反映了人类社会的复杂性和人们处理自己生存与发展方式的多样性，反映了在不同条件下人们处理相关问题的经验与智慧。

（2）文化的普同性是不同文化类型对同一类现象相同或相近的认知、评价，这既表现在物质文化方面，也表现在精神文化方面。文化的普同性来自于人类有相同的需要结构和人们在满足需要时相同或相近的资源和手段，这也与文化的传播及不同文化之间的相互借鉴有关。所以，文化不但有特殊性，也有普同性。

（四）简答题

1．答：人的社会性有如下几个主要表现：

（1）制造工具和使用工具的能力。人类与动物的本质性区别在于人有制造工具和使用工具的能力，劳动使人与动物区别开来，而劳动工具的制造与使用是一个基本的前提。

（2）人有能动性。能动性是基于自己的意愿和选择行动的能力，人并不是只能被动地接受外界压力以适应之，人也有改造外部环境的能力。

（3）人类有共同生活的模式。这是一些复杂的在共同生活中形成的互动模式，而且它指导着人们的行为。

2．答：社会的特点主要表现为以下三个方面：

（1）多样性。社会的多样性不仅表现为宏观社会和具体社会的差异，而且表现为人们社会活动的多样性和组合方式的多样性。

（2）复杂性。人类社会的复杂性是由组成社会的人的复杂性所决定的。人的需要的复杂性和人们必须借助群体和社会的力量才能满足需要，以及人们所处具体环境的复杂性，决定了人们所组成的社会组织形式相当复杂。

（3）变动性。社会是变动不居的，这种变动性既表现为社会形态的更替、社会制度的翻新，也表现为社会运行机制的变化乃至于社会成员行为方式的变化。

3. 答：马斯洛的需要层次理论从人本主义的角度阐述了需要对人的行为的激励作用。他认为，一般说来，人们都有下述需要：生理的需要、安全的需要、归属或爱的需要、自尊的需要和自我实现的需要。

（1）生理的需要是由人的生物机体产生的需要，包括衣、食、住及性的需要等。

（2）安全的需要是指个人追求身体安全、免遭威胁的需要，包括防备生理损伤、疾病，希望有安全的生活环境等。

（3）归属或爱的需要是指人们渴望与他人建立良好的感情，渴望被接受，成为群体的一员而有归属。

（4）自尊的需要即人们希望自己能得到他人较高的评价，得到别人的尊重。

（5）自我实现的需要是促使自己的潜力得以发挥、自己的抱负得以实现的希望。

这五种需要由低到高形成一种阶梯状关系。

4. 答：文化的特性表现在：

（1）文化是由人创造出来的和学到的。文化不是纯粹自然的东西，不是人类生来涉及的自然状态，而是人类活动的产物。对于个体来说，文化不是先天具有的特征和能力，而是后天学习的结果。

（2）文化是群体共享的。文化带有群体性，即当某种行为和价值被群体接受、共享时，它们才成为文化并被保存和流传下来。

（3）文化是建立在象征符号之上的。符号是人类在共同的活动中，为了交流与合作的目的而形成的。文化尤其是精神文化是由包括器物在内的各种符号承载和表现的。

（五）论述题

1. 答：社会的构成要素包括三个方面：人、社会关系、社会行动。首先，这里的人指的是作为社会行动者的人，人是社会最基本的构成要素。人有两种基本属性，即自然属性和社会属性。作为现实的、社会的人，生物性和社会性同时集于一身。生物性是一个人存在和活动的社会基础，而社会性则是人区别于动物的最本质的特征。正是具有社会性的人的结合才构成了社会。人是有目的、有意识的行动者。人不但是以人们共同创造的文化、行为规范为基础行动的，同时人也具有主体性，即人能够根据自己享有的文化、价值观念，并根据具体情况进行行为选择。作为社会行动者的人的行动不是没有规律的，而是受着其需要的影响。其次，社会关系是社会结构的基本元素。在马克思看来，社会是社会关系的体系。社会关系是人与人之间的关系，但社会关系不是指个别人之间的关系，而是社会中具有一定普遍性的联系。从结构的角度来看，社会关系是在社会中占有一定位置的社会角色之间的关系，即它们之间的稳定的、合乎社会期望的相互作用的模式，社会关系是指角色之间的关系。最后，社会是一个行动的体系。如果从社会角色背后的行动的角度看社会，那么可以说社会是其成员复杂行动的体系。在一定的社会中，社会行动并不是杂乱的和无规律的，社会关系及反映这种关系的行为规范为人们的行动提供了方向，扮演特定角色的人则依自己对行为规范的理解而采取行动。社会结构并不是一开始就有的东西，社会结构的形成需要一个过程。

2. 答：文化的结构从微观到宏观可以分为三个层次：文化元素、文化丛、文化模式。首先，文化元素指文化中的最小而有意义的单位，即它是能独立地反映某种文化意义的东西。在人类社会中，人们常常将自己行动的意义用某种器物或符号表示出来，这些器物和符号就是文化元素。文化元素可以独立存在并表明某种意义，但是，只有将不同的文化元素结合起来才能真正发挥应有的作用。其次，相关的文化元素相互结合而形成的功能单位被称为文化丛，这种文化丛在时空中可以作为一个单位存在并发挥作用。文化丛是相关文化元素按照内在的功能逻辑进行整合的产物，即是说，相关的文化元素之间是有一定逻辑联系的，不符合逻辑的文化元素的堆积并不形成文化丛，也不能发挥作用。最后，文化模式是相关的文化丛经过有秩序、有条理的整合而形成的整体。社会学和社会人类学在两个层面上理解文化模式：第一种对文化模式的理解用于不同民族文化的本质性区别；第二种对文化模式的理解是从功能角度出发的，它指的是任何文化体系中在较大时空中发挥功能的、由文化丛结合而成的整体。

3. 答：人类是由于共同生活的需要才创造出文化来的，文化在它所涵盖的范围内的不同层面发挥着重要作用。

（1）文化的整合功能。文化的整合功能是指它对于协调群体成员的行动所发挥的作用。文化的整合功能不只是发生在价值认同的层面。

（2）文化的导向功能。文化的导向功能是指文化可以为人们的行为提供方向和可供选择的方式。在群体和社会生活中，人们根据自己的需要可能采取多种行为，或者为了达到目标，他们可能会采取不同的行为方式。共享文化则向人们提供着可供选择的行为方式，通过共享文化，行动者可以知道自己的何种行为在对方看来是适宜的、可以引起积极回应的，并倾向于选择有效的行动，这就是行为的导向。

(3) 文化的秩序维持功能。某种文化一旦形成和确立，就意味着某种价值观和行为规范被认可和被遵从，这也意味着某种秩序的形成。文化的秩序维持功能反映了文化的相对稳定性，而某种文化的过于沉稳和成熟可能会陷入保守，它可能会压抑成员的创新，阻碍社会的变迁。这是文化的负功能。

(4) 文化的传续功能。从世代的角度来看，如果文化能向新的世代流传，即下一代也认同、共享上一代的文化，那么，文化就有了传续功能。在任何社会中，文化都有传续功能，其机制是文化占有者通过社会化等方式“迫使”下一代或后来者认同本群体、本社会占统治地位的价值观念和行为规范。

(六) 材料分析题

1. 答：材料中通过对人的本质的认识，比较全面地反映了人与社会的内在联系。

(1) 人的类本质与群体本质揭示了社会的内涵。首先，社会是由有意志的个体组成的，社会是人们共同生活的结合体，社会是人的社会。其次，社会是由有意志的个体通过互动形成的，社会是一个互动的体系，共同的兴趣和结合在一起带来的利益是人们结合成社会的深层原因。最后，社会是由相关的社会关系积累、连接而成的，社会是社会关系的体系，这些社会关系是在具体情况下人们共同活动的规范。

(2) 人的类本质和群本质反映出作为社会行动者的人具有两重属性：自然属性和社会属性。生物性是一个人存在和活动的社会基础，而社会性则是人区别于动物的最本质的特征。正是具有社会性的人的结合才构成了社会。

(3) 人的个体本质反映出人的需要对人的行动的重大意义。作为社会行动者的人的行动不是没有规律的，而是受其需要的影响。需要是一个人行动的基础和积极性的来源，人的需要不同于动物的本能性机能，人的需要是社会性的，是以社会为背景和以社会为尺度的。

2. 答：材料中分析了我国动漫亚文化的三个方面的特征，从中我们可以看出亚文化与主文化的关系以及亚文化在某一特定领域的特有表现形式。

(1) 主文化与亚文化的存在，恰恰反映出文化所具有的相对差异性。

(2) 主文化与亚文化是就一定地域中的社会群体而言的，在这一范围内，大多数成员认同的价值观、采取的行为方式即为主文化，而只有少数成员认同的价值观及所采取的行为方式则为亚文化。在该范围内，主文化作为正统，有一定的行为导向功能，同时也对不认同主文化的成员具有压力。亚文化在某种程度上被视为“另类”，与主文化对比常常处于劣势，但有时它又具有新意。

（3）主文化与亚文化之间的差异一般发生于局部，即特定群体生活的某一方面，也可能发生于诸多方面。材料中青少年的动漫亚文化即属于发生于生活中的某一领域、某一方面的文化多元化的表现形式。

第三章 人的社会化

一、学习目的和要求

通过本章的学习，掌握人的社会化的含义与内容、社会化的必然性和可能性；熟悉社会化的机构与过程，理解并分辨少年—青年社会化遇到的问题；了解社会化与个性发展的关系，认识从社会学角度分析个性强调的是社会因素对人的个性影响，社会化在个性形成中的作用、个性与民族性的关系、中国国民性的特点；要求熟悉社会化的基本概念及分类，辨析基本社会化、继续社会化和再社会化；学会运用社会化的内容、机构、少年—青年社会化遇到的问题等基本理论分析当代社会青少年成长过程中的各种障碍。

二、内容提要

人的社会化是一个人学习社会的文化、增加自己的社会性、由生物人变为社会人的过程。人的社会化的基本内容包括学习生活的基本技能、学习谋生的基本手段、学习社会行为规范、明确生活目标和培养社会角色。社会化的主要实施机构是家庭、同龄群体、学校、工作单位和大众传播媒介。从婴儿时期到青年时期的社会化称为基本社会化，这一阶段是由生物人变为社会人的主要时期，可以分为三个阶段：婴儿—学龄初期的社会化、少年期社会化（12～15 岁）和青年社会化（14、15 岁～20 岁左右）。少年—青年期是人的生理、心理迅速发展的时期，也是其广泛接触社会从而面临众多选择和挑战的时期。这种挑战主要来自于心理上的断乳、社会价值观念的多样化、理想与现实的矛盾、社会的迅速变迁以及代沟。

在基本社会化的基础上，人还要继续学习群体和社会的文化，进行继续社会化，以适应社会生活和适应角色变化的过程。如果一个人原来的社会化失败或基本上已不适用，重新学习社会的价值观念和行为规范则是再社会化。人的社会化就是使个体通过社会化而形成比较稳定的心理特征，走出由本能支配的状态。

个人的稳定的心理特征的总和就是个性，一般表现为个体的倾向性，即在一定的、具体的条件下对个体的某种态度和行动的积极的、选择性的推动，主要表现在兴趣、气质、性格等方面。社会因素对人的个性的影响是重要的和明显的。同一群体中多数成员共同具有的心理特质和性格特点称为社会个性。当我们把群体视为一个民族或一个国家时，这种社会个性就是民族性和国民性。中国国民性基本上是建立在农耕文化之上的。随着现代化进程的加快，中国国民性也在发生变化。

三、重点、难点问题解析

（一）人在社会化过程中学习什么？

人在社会化过程中学习的内容包括：学习生活的基本技能、学习谋生的基本手段、学习社会行为规范、明确生活目标、培养社会角色。在逻辑上是先学会自己照顾自己，然后是学会自己养活自己、养活家人；接下来是学会与人交往；明白自己能够做一个对社会具有价值的人；还要学会在社会中承担特定的权利和义务，并按照特定的行为规范活动。可以联系一个幼儿园孩子的学习内容：学习穿衣、吃饭，甚至是上厕所，学会文明地与小伙伴、老师交往；长大了到学校学习，在学校里开始学习写作文“我长大了想做……”，并且按照老师、家长等的期望塑造自己，学习承担责任和维护权利。

（二）为什么说家庭是最重要的社会化机构？

家庭是以婚姻关系为基础、以血缘关系为纽带的生活共同体，它是人们来到世间后进入的第一个社会群体，新成员因出生而自然地属于某一家庭，已有的社会成员也对新成员负有责任并寄予期望，这些都必然会带来对新成员的社会化。人的一生大多离不开家庭，一个人在其未成年甚至是结婚而组成新家庭之前要常常依赖他出生于其中的家庭，而且从社会化的可能性来说，人类在婴儿期有较长的依赖生活期，这在自然界中是最长的。家庭对儿童—青年社会化的内容是全面的，包括教会生活技能、教导社会规范、树立生活目标。在传统社会里还包括教导谋生技能，子承父业。家庭对未成年人的影响是全面的，而且许多是潜移默化的。不仅仅是父母和长者的正式教导，而且家庭气氛和生活方式也会影响未成年人的社会化进程。所以说，父母是孩子的第一任老师，也是孩子最好的榜样。

（三）如何区分基本社会化、继续社会化和再社会化？

基本社会化是从婴儿时期到青年时期的社会化，是由生物人变为社会人的主要时期。这一时期每一阶段成功的社会化都会对人的发展产生积极的影响。可以分为：婴儿—学龄初期的社会化、少年期（12～15 岁）社会化和青年（14、15 岁～20 岁左右）社会化。

继续社会化是人们在基本社会化的基础上，继续学习群体和社会的文化，以适应社会生活、适应角色变化的过程。当一个人完成了基本社会化，从纯粹的生物体变为社会人，并作为一个基本合格的社会成员进入社会生活后，他（她）还会遇到许多新问题需要解决，他（她）需要扮演新的角色并要完善新的角色。如在生活中，谈恋爱时要学会做一个好恋人，结婚后要学会做一个好妻子、好丈夫；孩子出生后要学习做一个合格的父亲、母亲；年老后要学会面对个人生理上的变化、家庭成员的去世；在工作中，当工作岗位有变化、工作技能有更新时，要学会调整、学习新技能。也就是说要“活到老，学到老”。

再社会化是由于原来的社会化失败或其基本上已不适用，而重新学习社会的价值观念和行为规范的社会化过程。这包括两种情况：第一种情况是原来的社会化失败了，某些人反主流或反社会的行为模式被主流社会判断为失败的社会化，为了维护社会的利益，必须对这些人重新进行社会化，重新为其树立社会的主导价值观念和行为规范。比如对犯罪分子要进行强制性的改造。这称为被动再社会化。第二种情况是进入异质文化后，原来的社会化成果基本上已不适用，必须重新学习新的价值观念和行为规范以适应社会。这称为主动再社会化。

（四）社会学讨论的个性与心理学讨论的个性有什么区别？

个性作为个体稳定的心理特征，一般表现为它的倾向性，即在一定的、具体的条件下对个体的某种态度和行动的积极的、选择性的推动。个性主要表现在兴趣、气质、性格等方面。心理学讨论的个性重点在个性的生理基础，比如不同性别、不同体质的人在行为特征上有所差异；社会学讨论的个性重点在社会因素的影响，后天的社会实践活动，特别是社会化过程可以对那些基础性的倾向和特征有所改变，比如缺乏自信心的孩子经过父母的刻意培养，可以增强孩子的自信心。

四、练习题

（一）单项选择题（从给出的4个备选答案中选出1个正确答案并将其填入题干后的括号里）

1. 人的两重属性在个人身上的表现和作用是不同的：生物性是与生俱来的东西，（　　）则是后天习得的。

A. 习惯性

B. 社会性

C. 复杂性

D. 群体性

2. 组成社会并在社会中活动的是认同一定文化、遵从一定社会规范的社会行动者，即（　　）。

A. 文化人

B. 群体人

C. 社会人

D. 生物人

3. 人的（　　）是一个人学习社会的文化、增加自己的社会性、由生物人变为社会人的过程。

A. 社会化

B. 群体化

C. 生活化

D. 世俗化

4. 从（　　）的角度看社会化，社会化是人的个性形成和发展的过程。

A. 个性发展

B. 文化

C. 社会结构

D. 生物学

5. 从（　　）的角度看社会化，社会化是社会和群体向个体传输文化，个体学习和认同文化的过程。

A. 个性发展

B. 文化

C. 社会结构

D. 生物学

6. 从（　　）的角度看社会化，社会化是使个体变得具有社会性，而其结果是培养合格的社会角色。

A. 个性发展

B. 文化

C. 社会结构

D. 生物学

7. （　　）将人的社会化过程视为社会化的实施者向社会化对象实施教化的过程，社会化的任务就是将不知不识的生物人教化成为具有群体感和社会文化的人。对于社会化的对象来说，他的社会性不是内生的，而是由外部灌输的。

A. 教化论

B. 学习论

C. 互动论

D. 结构论

8. （　　）认为人的社会化过程是社会化对象主动学习的过程，必须确立社会化对象的主体地位，强调人是积极主动的，人能够判断、规定和创造自己的行为，强调社会化对象在社会化过程中所具有的重要地位。

A. 教化论

B. 学习论

C. 互动论

D. 结构论

9. （　　）认为在社会化的过程中，社会化的实施者向社会化对象灌输知识、价值和规范，社会化对象的回应并不一定只是完全被动地接受，而是能对自己的行为有所选择。这种选择性的回应可能会在一定程度上改变实施者的灌输行为，从而以新的方式实施社会化。

A. 教化论

B. 学习论

C. 互动论

D. 结构论

10. 对于未成年人来说，（　　）是最重要的社会化机构，而且对儿童—青年社会化的内容是全面的。

A. 家庭

B. 同龄群体

C. 学校

D. 大众传播媒介

11. 以下哪一项不是工作单位对青年职工进行社会化的主要特点？（　　）

A. 以劳动技术和工作能力为基础

B. 代表国家或社会对职工进行价值观念教育

C. 教导生活的基本技能

D. 工作单位的性质和内部工作环境对职工的观念和行为方式具有一定的影响

12. （　　）是由生物人变为社会人即社会化的主要时期，称为基本社会化，这一时期每一阶段成功的社会化都会对人的发展产生积极的影响。

A. 中年期

B. 老年期

C. 婴儿—青年时期

D. 壮年初期

13. 少年—青年期广泛接触社会从而面临众多选择和挑战，（　　）是指少年、青年在其成长的过程中力图摆脱家庭及其他方面的监护，独立自主地进入某些社会生活领域，但是他们又经验不足，从而产生的危机状况。

A. 心理上的断乳

B. 社会价值观念的多样化

C. 理想与现实的矛盾

D. 时间压缩效应

14. （　　）的概念形容了两代人之间在价值观念、行为方式之间的差异。

A. 心理上的断乳

B. 社会价值观念的多样化

C. 理想与现实的矛盾

D. 代沟

15. （　　）是人们在基本社会化的基础上，继续学习群体和社会的文化，以适应社会生活、适应角色变化的过程。

A. 基本社会化

B. 继续社会化

C. 再社会化

D. 内化

16.（　　）是由于原来的社会化失败或其基本上已不适用，而重新学习社会的价值观念和行为规范的社会化过程。

A. 基本社会化

B. 继续社会化

C. 再社会化

D. 内化

17. 精神分析学派的创始人（　　）认为，人格是由本我、自我和超我三部分组成的。

A. 弗洛伊德

B. 奥尔波特

C. 哈维格斯特

D. 艾利克森

18. 社会上有男人性格与女人性格、东方人性格与西方人性格之分，实际上指的是（　　），它建立在个体的个性基础上，是群体中大多数人共有的个性特点。

A. 雷同性格

B. 社会个性

C. 集体行为

D. 过度社会化

19. 一个国家的国民所共有的个性特征叫做（　　）。

A. 国民性

B. 民族性

C. 个性

D. 众数人格

20.《菊花与军刀》的作者是（　　）。

A. 林语堂

B. 本尼迪克特

C. 英格尔斯

D. 许烺光

（二）多项选择题（从给出的5个备选答案中选出2~5个正确答案并将其填入题干后的括号里）

1. 人的两重属性是指（　　），前者是个体生存和发展的基础，后者则在大多数情况下指导着人们的行为。

A. 生物性

B. 群体性

C. 社会性

D. 复杂性

E. 变动性

2. 人的社会化的可能性体现在（　　）。

A. 人有较长的依赖生活期

B. 人有较强的学习能力

C. 人有语言的能力

D. 人类社会是处于不断发展之中的

E. 社会成员需要有较高素质

3. 人的社会化的基本内容包括（　　）。

A. 学习生活的基本技能

B. 学习谋生的基本手段

C. 学习社会行为规范

D. 明确生活目标

E. 培养社会角色

4. 对于在社会化的过程中社会化的实施者与社会化对象之间的关系或机制的理解可以分为三种，即（　　）。

A. 教化论

B. 学习论

C. 整合论

D. 互动论

E. 冲突论

5. 社会化的实施机构包括（　　）。

A. 家庭

B. 同龄群体

C. 学校

D. 工作单位

E. 大众传播媒介

6. 少年—青年期是人的生理、心理迅速发展的时期，也是其广泛接触社会从而面临众多选择和挑战的时期。这些挑战主要来自于（　　）。

A. 心理上的断乳

B. 社会价值观念的多样化

C. 理想与现实的矛盾

D. 社会的迅速变迁

E. 代沟

7. 下列属于再社会化的情况是（　　）。

A. 犯罪分子被职能部门和社会强制性改造，迫使他们放弃自己的价值观和行为方式

B. 在儒家文化背景下成长起来的中国人进入西方国家后，必须改变自己原来的某些观念和行为方式

C. 技术人员学习新技术以面对知识技术老化的问题

D. 老年人学习面对个人生理上的变化、家庭结构的变化

E. 考上大学后，离开父母、离开家乡，适应在大学里的集体生活

8. 下列情况属于继续社会化的情况是（　　）。

A. 犯罪分子被职能部门和社会强制性改造，迫使他们放弃自己的价值观和行为方式

B. 在儒家文化背景下成长起来的中国人进入西方国家后，必须改变自己原来的某些观念和行为方式

C. 技术人员学习新技术以面对知识技术老化的问题

D. 老年人学习面对个人生理上的变化、家庭结构的变化

E. 考上大学后，离开父母、离开家乡，适应在大学里的集体生活

9. 下列哪些情况可以说明社会化过程对于人的个性的形成起着某种决定性的影响，使得人的态度和行为的倾向性得到强化或被抑制？（　　）

A. 通过集体性的小组活动可以使得那些性格内向的人变得比较开放

B. 一个自认为能力不强且内向的人在成为小组负责人后，经过锻炼可能会成为外向的、有较强能力的领袖

C. 一个性格开朗的人遭遇一系列人生挫折后可能会变得忧郁

D. 男孩子好动、兴趣容易转移；女孩子文静的偏多

E. 父母通过一系列活动培养孩子的兴趣，鼓励孩子自主地做选择，可以增强他的自信心

10. 不同性别、不同年龄、不同民族、不同阶级和阶层的人们构成了不同的群体，他们都具有独特的心理和个性，即形成不同的社会个性，例如（　　）。

A. 男人性格

B. 老年人性格

C. 东方人性格

D. 农民性格

E. 中国人的性格

（三）辨析题（判断正确或错误并简单地说明理由）

1. 人的社会化过程就是压制人的生物性。

2. 学校对学生的社会化与家庭对儿童的社会化是相同的。

3. 心理上的断乳是指两代人之间在价值观念、行为方式上的差异。

4. “活到老，学到老”是指人的再社会化。

5. 在现实社会中，群体成员性格基本雷同的现象非常常见。

（四）简答题

1. 从人的出生到青年阶段的社会化，包括了哪些基本内容？

2. 社会化的实施机构包括哪些？

3. 少年—青年社会化遇到的问题包括哪些？

4. 为什么要进行继续社会化？

（五）论述题

1. 为什么说人的社会化是必要的也是可能的？

2. 再社会化有哪些原因和情况？并举例说明。

3. 中国国民性的特点是什么？现代化进程中，中国国民性发生了哪些变化？

（六）材料分析题

1. 研究生刀捅6人　被捧“血性英雄”

南京某名牌大学在读研究生左凡（化名）因情感纠葛，在被人围殴时持刀捅伤6人。近日，南京市玄武区人民法院对这起案件作出判决。

近年来，大学生犯罪屡屡发生，而高校的法制教育课看似齐全，实际上多数学生缺乏最起码的法制观念。比如在此事件中，不少学生对左凡表示赞赏：“难得左凡念到研究生还能保持这种血性。”

226 名同学呼吁轻判

2006 年12 月15 日庭审当日，左凡的辩护律师出示了一份由226 名博士生、硕士生以及本科生共同签名的呼吁信。信中说：“左凡学习成绩好，是大家公认的好班长，是国家培养的高素质、高层次人才。”226 名同学一致请求法庭对左凡从轻处理。

实际上，早在事发后不久，“天涯社区”等BBS 上对此事的议论就热闹异常。起初，网友留言大多是“挺可惜的”、“不值得”，随着事件的广泛流传，网友们的评论性质逐渐超出一般的法律和道德评判范围。

“他做了我们想做但没有勇气做的事。”一位正在念大三的网友写道：“普通民众在面对歹徒、恶势力的时候，往往明哲保身，怕的心理因素作祟，使得社会风气愈发不正常。左凡单枪匹马，最终亮剑，真是大快人心！”

网友陈少更是表现出景仰之情：“我觉得在被别人群殴的情况下，这是保护自己尊严最好的方法……难得左兄念到研究生还能保持这种血性。”

很快，左凡在一片赞誉声中被描述成“不畏强敌的英雄”。一个已经毕业的校友表示愿意出钱让师弟们把学校“全国硕士研究生报名点”的横幅改为“左凡，×大汉子的榜样”，以宣扬其精神。这位校友认为：“师弟这种行为诚然不可取，但那种不畏暴力、奋勇杀敌的壮举；那种以一当十、明知不可为而为之的英雄气概，是伟大精神的写照。”

更多的人开始为左凡辩护。很多网友包括签署联名信的同学都认定，左凡伤人是“生命受到威胁时的自然之举，应判定为‘正当防卫’”。

连捅数人涉嫌故意伤人

对于这场法庭外的评判，负责审理该案件的法官、南京市玄武区人民法院少年法庭庭长王萍认为：“他们都是在未掌握基本事实的情况下作出的判断。”

经审理查明，本案另一被告上海某电子公司员工徐方（化名）因女友提出分手而迁怒于左凡。于是，徐方打电话给左凡，约其见面。因为担心“吃亏”，他托厨师朋友王某找人来帮忙，王某便找南京某学院的在校生孙某纠集了5名同学和几名厨师，一起去“撑场子”。当晚，徐方和左凡在学校附近见面，一言不合便扭打在一起。王某等人见状上前围殴左凡，将其打倒在地。这时，左凡掏出随身携带的长约17厘米的工艺刀挥舞，捅伤数人，造成两人重伤。其后左凡又追出100多米，在徐方背后捅了一刀，造成其肺部受伤。

王萍表示，根据刑法规定，构成正当防卫的条件之一是“防卫不得超过必要限度造成不应有的危害，亦即要求防卫措施与不法侵害在强度上基本相当”，在本案中，左凡主观上虽有防卫意图，但其面对徐方等人的拳打脚踢，持刀挥舞，且造成两人重伤的严重后果，应属于防卫过当。而追捅徐方的做法已不属防卫范畴，涉嫌故意伤人。

追捧比犯罪更让人担忧

对于这些情况，签署联名信的学生以及那些奉左凡为“校园英雄”的网友们显然并不了解。同样收到联名信的玄武区检察院在调查后发现，签名的226人当中，大多数都不认识左凡，甚至连案情都不清楚。一名大二学生告诉检察官，他只是得知同校一名学生在外被人打伤，还被拘留，感到十分气愤，就在“呼吁信”上签了名。

该校一名在读研究生回忆，当时事情很快传遍了校园。几天后，有同学在校门口摆了张桌子，上面放着“呼吁信”，让大家签名，为校友“伸冤”。本来她不想签，因为情况到底怎样根本弄不清，“有说伤人的刀是左凡自带的，有说刀是从水果摊上抢的，连案发地点都有三四个版本”。不过，看到桌子旁边左凡的家长，她觉得做父母的挺可怜，后来也就签了。

在王萍看来，学生们的举动从感情上可以理解，但这不能成为司法机关对左凡从轻处理的依据。而作为受过高等教育的大学生，在不知真相的情况下凭“感情”签名呼吁，反而有是非不分的“嫌疑”。

比如“呼吁信”上只写了“孤身一人被10余名社会青年围攻袭击，左同学奋起自卫，致鼻梁骨被打断，多处带伤”，丝毫没有提及左凡持刀挥舞对别人造成的伤害。王萍说，被重伤的其实也都是大学生，其中一人不得不摘除一侧的肾脏；另一人心脏心包被捅破，送到医院时心跳已经停止，幸亏当日一位主任医生值班，及时救治才脱离危险。

据王萍回忆，第一次开庭时，左凡竭力为自己的行为辩解，他认为“如果我当时不掏出刀来防卫，可能今天受重伤的就是我”。左凡的辩护律师一番慷慨陈词之后，与左凡同来的不少青年甚至在法庭上起立鼓掌。

“网络和现实中的追捧比犯罪更让人担忧。”王萍说，同学们的声援与赞扬，对左凡正确认识其行为没有任何帮助。王萍注意到，在最初几次庭审中，左凡时常面带笑容。

2006年12月15日，玄武区法院作出宣判：左凡持刀捅伤他人身体，造成1人轻伤、2人重伤的严重后果，构成故意伤害罪。但他是在遭到徐方等人的不法侵害时，持刀伤人，属于防卫过当，依法可减轻或免除处罚。据此，法院以故意伤害罪判处左凡有期徒刑1年6个月，缓刑2年；以聚众斗殴罪判处徐方有期徒刑2年，缓刑2年6个月；分别判处王某、孙某有期徒刑1年6个月，缓刑2年。

对于判决，被告人左凡、徐方等均表示接受。面对记者采访，他们不愿多说。左凡称“自己社会经验不足，以后应吸取教训”。

——南京某名牌大学一研究生因故意伤人日前被判1年6个月，部分学生追捧以暴制暴令人担忧. 成都商报，2007-01-16.

2. “电脑婴儿”教育青少年别早孕

据新华社电　墨西哥奇瓦瓦州教育部门日前实施的一个项目规定，高中学生必须学习如何照顾安装了电脑芯片的机器婴儿。项目的目的是降低该州青少年居高不下的怀孕率。

路透社报道说，这些“电脑婴儿”按照安装的程序，不时发出需要食物的哭声、打嗝声、睡醒时的尖叫声。

从13岁到17岁的青少年，每两人一组，负责在两到三天内照顾这些“电脑婴儿”。

负责这一项目的州教育部门官员皮拉尔·维多夫罗女士说：“你必须为它们换尿布，喂它们吃饭，轻拍它们的后背，让它们打嗝。它们能模拟真实婴儿的行为，会大笑，会喊肚子痛。”

这名官员说：“项目的目的是尝试一种更新奇的方式，让年轻人意识到年轻时当爸妈的风险。”

维多夫罗说，学生对照顾“电脑婴儿”的工作量感到害怕。“反响相当好，”她说，“他们都同意，（青少年时期）不是承担那种责任的合适时机。”

——“电脑婴儿”教育青少年别早孕. 搜狐新闻网，2007-02-26.

3. 诺贝尔情结——中国何时由热转冷

2008年10月8日，本年度诺贝尔化学奖正式揭晓。美籍华裔科学家钱永健等三人分享2008年度诺贝尔化学奖。许多媒体9日的报道，纷纷在钱永健之前加两个定语，一个是“钱学森的堂侄”，另外一个就是“华裔”，扑面而来的是一种强烈的暗示：钱家的骄傲，中国的骄傲。

国人一直对诺贝尔奖有一种莫名的热情和过度的期待。亢奋的国人当学日本，日本近8年出了6位诺奖得主，今年就已经有了3位，日本媒体和民众仍保持着难得的清醒，继续反省日本教育的不足。中国何时才能由“热”转“冷”，少一些盲目的热情，多一些冷静的理性？

钱永健，祖籍浙江，1952年生于纽约，略懂中文。获2008年度诺贝尔化学奖。

崔琦，生于河南，1958年赴美国，1998年获诺贝尔物理学奖。

朱棣文，祖籍江苏，1948年生于美国，1997年获诺贝尔物理学奖。

李远哲，生于台湾，1962年赴美国留学，1986年获得诺贝尔化学奖。

丁肇中，祖籍山东，1936年生于美国，1976年获诺贝尔物理学奖。

李政道，生于上海，1946年赴美国。1957年和杨振宁一起获诺贝尔物理学奖。

杨振宁，生于安徽，1945年赴美国。1957年和李政道一起获诺贝尔物理学奖。

热脸贴上冷屁股

钱永健，有一个中国人般的名字，黄皮肤，黑头发，虽是土生土长的美国人，却受国内媒体追捧——网络媒体几乎都将这一新闻放在首页，标题不约而同地强调了钱永健作为“中国导弹之父”钱学森的堂侄的身份以及华裔的血统。

然而，钱老的儿子在向钱永健表示祝贺的同时，却强调说，他们从来没有联系过。

大家都来套近乎、攀亲戚，钱老的儿子反而站出来，强调他们从来没有联系过。

主持人：媒体的报道，都纷纷在“钱永健”之前加上两个定语，一个是“钱学森的堂侄”，另外一个就是“华裔”，这种标题让人觉得，我们跟人家套近乎、攀亲戚？

白岩松（新闻观察员）：虽然他是华裔，但他是美国人，跟咱们真的没什么关系。当然钱老一家人值得高兴，因为这毕竟是自己的亲属获奖。但是有一个细节，钱老的儿子在向钱永健表示祝贺的同时，也强调他们从来没有联系过。如果说跟中国有关系的话，他对中文只是略知一点。再举一个细节，有一次有人说“枇杷真好吃”。钱永健非常惊讶：琵琶怎么能吃呢？因为他的“枇杷”概念只是乐器。

他16岁获“西屋科学天才奖”，20岁获哈佛大学化学和物理双学士，后来在剑桥大学获博士学位等，其实跟咱们一点关系都没有。就像当初美国的网球选手张德培，成绩打得好的时候，中国人就关注得多一些。这里有一个细节：所有我们去拉的亲戚，都是我们不太强的地方。

我们有这样一种情结：连中国足球都进过世界杯，但居然没得过诺奖

主持人：钱老的儿子赶紧站出来划清界线，反倒是媒体、其他的人关注这件事情。

白岩松：这背后有一种情结。虽然我们嘴上说不在乎诺贝尔奖，但是不在乎是不可能的。因为对于中国人来说，好像没有实现的梦很少了，连中国足球都进过世界杯，但是我们居然没得过诺贝尔奖。其实，从1901年直到现在的诺贝尔奖里面，有7位基础科学方面的华裔面孔。当然也还有文学奖等，但由于它掺杂了很多意识形态和政治因素，再加上本来就“文无第一”，所以很难评判。再说了，获基础科学奖的，无论杨振宁还是丁肇中、李政道等，都是美国人。

这七位科学家也都在美国受教育。他们有很浓郁的美国式思维，虽然中国情结也很重，但从获得诺贝尔奖本身这个角度来说，跟我们没有关系，完全是美国的结果，就像张德培完全是美国网球培养的一样。但是它从另一个角度却在提示我们，我们也可以做得到。

我们的眼里只有得奖：一说诺贝尔奖，总会酸不酸甜不甜，还有人泼冷水

主持人：咱不管国籍，咱们的基因是一样的。

白岩松：既然有7位获得了基础科学奖，那证明我们的思维也可以，没问题，所以这个时候越套近乎，其实越该思考的是另外一个问题：什么时候有我们自己的、货真价实的、诺贝尔的基础科学的获奖者。

主持人：更多的媒体关注的是他获奖了，但是他得的奖能做什么用反倒变成了很不重要的一件事。

白岩松：当一个人、一个环境可以让一项事业非常安静地扎扎实实往下做，并且做了很久，显现出结果的时候，他可能离诺贝尔奖就非常近了。如果一个人、一个时代、一个环境都在被眼前的事情所吸引，浮躁着，做一件事情做不了多久又要做别的事情了，那可能离诺贝尔奖就很远。所以每年的10月份，一到诺贝尔奖季节，我们总会有一些说酸不酸、说甜不甜、说渴望不是渴望的心情，还总有人泼冷水：诺贝尔奖怎么怎么着……

——诺贝尔情结——中国何时由热转冷. 成都商报，2008－10－12.

五、参考答案要点

（一）单项选择题

1. B　2. C　3. A　4. A　5. B　6. C　7. A　8. B
9. C　10. A　11. C　12. C　13. A　14. D　15. B　16. C
17. A　18. B　19. A　20. B

（二）多项选择题

1. AC　2. ABC　3. ABCDE　4. ABD　5. ABCDE
6. ABCDE　7. AB　8. CDE　9. ABCE　10. ABCDE

（三）辨析题

1. 答：错误。社会化的过程不是人的生物性被压制，而是人的先天就有的生物性冲动在一定程度上被抑制，代之以用人的社会性去指导人的行为。社会化的任务就是要使人的行动少受生物本能的影响，而更多地接受社会文化、社会规范的影响，在参与群体生活、社会生活时，用群体规范指导自己的行动，以实现与他人的合作，所以人的社会化绝不是要削弱人的生物机能。

2. 答：错误。学校对学生的社会化与家庭对儿童的社会化是不同的。这些差异主要表现在：第一，社会化的内容有所不同。家庭对儿童的社会

化以教导生活的基本技能和教导行为规范为主，学校则以传授科学知识和传播国家或办学者的价值观为主。第二，社会化方式不同。家庭是以亲情为基础的社会群体，其对儿童的社会化以感情为基础，而学校是正式的社会组织，它对学生的教育是组织化的和具有强制性的。第三，社会化的具体目标不同。家庭对儿童社会化的目标是全面的和综合性的，学校对学生进行教育的目标则较具体、明确，它主要以教会学生掌握某些知识，提高其学习能力，当然也包括对学生全面发展的培养，但这一点常显得较弱。家庭教育与学校是互补的，二者的协调对儿童—青年社会化的顺利发展具有重要意义。

3. 答：错误。心理上的断乳也称社会性断乳，是指少年、青年在其成长的过程中力图摆脱家庭及其他方面的监护，独立自主地进入某些社会生活领域，但是他们又经验不足，从而产生的危机状况。而两代人之间在价值观念、行为方式上的差异是代沟。

4. 答：错误。“活到老，学到老”是指人的继续社会化。继续社会化是人们在基本社会化的基础上，继续学习群体和社会的文化，以适应社会生活、适应角色变化的过程；再社会化是由于原来的社会化失败或其基本上已不适用，而重新学习社会的价值观和行为规范的社会化过程。再社会化就是在某些重要方面对人的重新社会化。

5. 答：错误。雷同性格是同一群体的不同成员的个性、性格高度相似的现象，是对群体成员过度社会化的结果。在现实社会中，群体成员性格基本雷同的现象比较少见。在人的生物性并未被完全压抑，对外部环境不能完全控制的情况下，人们基于不同的经历，借助于活跃的意识，会在社会化的过程中发挥一定的能动性，即在一定范围内选择自己的行为方式，长久下来就会形成有自己特点的个性和性格。

（四）简答题

1. 答：人从出生到青年阶段的社会化包括的基本内容是：学习生活的基本技能；学习谋生的基本手段；学习社会行为规范；明确社会目标；培养社会角色。

2. 答：社会化的实施机构是：家庭、同龄群体、学校、工作单位和大众传播媒介。

3. 答：少年—青年社会化遇到的问题包括：心理上的断乳、社会价值观念的多样化、理想与现实的矛盾、社会的迅速变迁、代沟。

4. 答：因为随着社会成员自身及环境的变化，他以往在基本社会化中所学到的知识已不够用，从而需要学习新的知识。这包括两种情况：第一，在人的发展阶段需要扮演新的角色，从而需要学习与这些角色相适应的技能、知识和规范，如初为父母；第二，在扮演同一社会角色时需要不断学习，如技术人员必须不断学习新技术、熟悉新的职业规范，以面对知识老化的问题。

（五）论述题

1. 答：人的社会化是必要的也是可能的。

第一，社会化的必要性。从个人的角度看，作为生物体的个人不可能自给自足，无论是在幼年时期还是在以后的生活中，他必须通过参与群体生活并通过群体来满足自身的需要。而要参与群体、同群体成员合作就必须了解群体的文化、价值和规范。人要在社会中生活，就必须继承人们在以往创造的文化，并不断学习人们创造的新经验。从社会的角度看，一个社会要延续，就必然要求其新加入的成员了解已有的文化遗产，认同社会的主导价值，遵循社会的行为规范。一个家庭的长辈必然要对新一代进行教化。从宏观上来说，一个民族、一个国家要发展，必须全面提高民族成员及国民的素质，提高他们的知识、技能，激发他们的创造力，这也是成员社会化的过程。

第二，社会化的可能性。首先，人有较长的依赖生活期。这种依赖性使群体和社会对新的社会成员实施社会化成为可能，即老的群体成员（比如父母）可以利用新成员的依赖性向其传授满足其需要的技能、知识和规范。其次，人有较强的学习能力，包括模仿能力和创造能力，配之以适当的社会条件，可以使人学习各种知识、技能和规范。最后，人有语言能力，可以通过接受文化教育和参与社会生活等方式学习语言，所以人们也就能够借助这些语言更有效地学习群体和社会的文化。

2. 答：再社会化有两种原因和情况：第一，原来的社会化失败，某些人不再遵从原来社会化所倡导的基本价值和行为，认同和采取了反主流文化的行为模式，社会主流价值的代表者认为原来对这些人的社会化失败了，为了维护社会的利益，必须对这些人重新进行社会化，如对犯罪分子进行强制改造，称为被动再社会化。第二，原来的社会化的成果基本上已不适用，在某种文化背景下一个人完成了社会化，但是进入异质文化后必须重新学习新的价值观和行为规范以适应生活，称为主动再社会化。如在儒家伦理文化背景下成长起来的中国人进入西方国家后，在竞争性的文化中长期生活，就必须改变自己原来的某些观念和行为方式。

3. 答：中国国民性基本上建立在农耕文化之上。农耕文化与以家庭、家族、村落为特点的居住模式相结合，形成了相对封闭和保守、以人伦为取向的文化，并内化为民族成员的心理和行为特征，如以集体主义文化为主导；在价值取向上，重传统和权威、重农和重功名、重仁义忠孝。

在现代化过程中，首先是以农耕为主的生活方式发生了改变，社会的产业结构、个人的谋生方式都发生了彻底的改变，因此建立在农耕文化基础上的家庭、家族、村落的居住方式也相应发生了改变。同时，随着国门开放，与国际社会的人员及文化交流愈加频繁，社会交往从熟人社会走向了陌生人社会，人们从相对封闭和保守走向了开放、开明、理解和包容；从集体主义文化为主导，强调集体利益和个人义务，到个人主义文化被推崇，强调个人利益和个人权利。在价值取向上，对传统和权威的尊重也被流行和偶像所取代，仁、义、忠、孝观念也受到西方人本主义观念的挑战。

但是，对于现代化进程中国民性的变化要辨证地看待，要发扬传统美德、抛弃思想糟粕。传统道德并非一无是处，新思潮也并非样样都好。作为个人，要理性地、积极地、乐观地适应中国现代化的发展。

（六）材料分析题

1. 答：第一，人在社会化过程中要学习社会行为规范。在群体生活和人的社会活动中，行为规范是无处不在的，家有家规，国有国法。处理人际交往中的矛盾，行为要符合规范，不能意气用事，甚至危及他人生命安全，触犯法律。第二，在人的社会化过程中，学习科学知识不是唯一的。案例中人大都是大学生，但是他们在学习社会行为规范、道德观念、价值判断上都是有欠缺的，也就是说他们还不能算会“做人”，需要提升个人的道德取向、价值判断能力。第三，在社会化过程中，大众传播媒介对青少年成长有较大的影响。网络可以让每个人随意表达意见，但是对意见缺乏正确的判断和引导，导致歪曲事实，从而对青少年的价值观产生恶劣影响。第四，青少年在成长中遭遇社会价值观念多样化的挑战。网络上的意见林林总总，是非曲直没有统一的标准，青少年在心智还没有完全成熟的阶段，非常容易受到误导。第五，青少年成长中需要偶像。传统的偶像被当代的年轻人所漠视，他们需要偶像和英雄来模仿，而一个被网络错误地塑造的偶像对年轻人的行为的影响，其后果是可怕的。第六，案例中提到的年轻人虽一步走错，但是经过法律惩罚，可以经过再社会化，放弃原来的价值观和行为方式，重新做人，认同社会的主流价值观。

2. 答：第一，学校是社会化的重要机构，案例中的项目由当地教育部门在学校推进，体现了学校在青少年社会化过程中的重要性。第二；社会化过程中，要培养社会角色，性社会角色也是其中的一部分。案例中让高中的男生女生学习承担父母的角色，体验父母的辛苦。第三，案例让高中生分组照顾“电脑婴儿”，就是儿童的“过家家”游戏，“电脑婴儿”就是高级洋娃娃，同龄群体在游戏中互相传递各自的知识，尝试通过扮演社会角色过着虚拟的夫妻家庭生活，同龄群体对于青少年的身心发展具有重要的意义。第四，人生分为不同的阶段，不同阶段所要完成的任务和承担的责任是不同的。在高中时期的任务就是要好好学习，而不是承担父母责任的时期，这也是该项目实施的目的。第五，当地少女怀孕比例居高不下，成为了社会问题，该项目是解决这一社会问题的努力。第六，性社会化的内容在我国学校教育体系和家庭教育中都是比较薄弱的，我们的学校和家长都可以从该项目中得到启迪、有所借鉴。

3. 答：中国人为什么到现在还没有拿到诺贝尔科学奖？第一，从国民性的角度看，中国人并不是天生比外国人笨，也就是说不是生理素质比外国人差，而是后天环境的影响，即社会化的过程对于人的个性形成起着某种决定性的力量；第二，在社会化的过程中，家庭的教育方式不一样，中国的孩子得到宠爱，不重视自主的创造性行为，要求懂事，忽视个性，尊重传统，服从权威，等等；第三，学校的教育体制不一样，我国目前的教育还是以应试教育为主，大学生和博士生的数量都是世界第一的，但是缺少创新性人才；第四，科研氛围不一样，中国对青年学者的创新及评价机制缺少激励；第五，社会的氛围不一样，中国以实用和应用为主，对基础科学的投入不高，而诺贝尔科学奖都是给予长期从事基础科学研究并取得突出成果的学者的。

第四章　社会互动

一、学习目的和要求

通过本章的学习，学生应掌握作为社会学研究对象的社会行动的定义及社会互动的含义，理解社会行动和它们之间的相互作用构成了社会的基础；辨别不同行动主体之间的社会互动和不同性质的社会互动，学会分析作为一种特殊社会互动的集体行为的表面原因和深层次原因；掌握社会互动的理论，初步认识马克思的社会交往理论、符号互动论、常人方法学、社会交换论和人际互动的主要代表学者及观点；掌握社会角色的定义、类型及扮演过程，了解角色扮演中的问题，并学会用社会角色的相关类型及角色扮演中的问题分析社会现实中的案例。

二、内容提要

在社会活动中，人们的行为（或行动）具有社会性，这表现为人们的行为都是有目的的。这种行为指向他人，并以他人的符合自己预想的反应为目的的行为被称为社会行动。韦伯认为，这种有意识、有目的的行为是社会学研究的对象。群体活动和社会过程是以互为条件和结果的社会行动为基础的，当相关双方相互采取社会行动时就形成了社会互动。社会互动也称为社会相互作用或社会交往，它是人们对他人采取社会行动和对方做出反应性社会行动的过程，是发生于个人之间、群体之间、个人与群体之间的相互的社会行动的过程。社会互动是最基本的社会过程，整个行动着的社会就是由形形色色的社会互动组成的。根据不同的行动主体，社会互动可以分为人际互动和群体互动；根据不同的性质，社会互动可以分为合作、竞争和冲突。集体行为作为一种特殊的社会互动，具有群体性、非组织性和突发性的特征。

社会互动的理论包括马克思的社会交往理论，米德、托马斯、库利和布鲁默的符号互动论，戈夫曼的拟剧论，加芬克尔的常人方法学，霍曼斯和布劳的社会交换论。

社会角色是人们在社会生活中形成的、与人们在社会关系体系中所处的地位相一致的、社会所期望的一套行为模式。社会角色是人的社会地位的表征，是一套有关权利和义务的规范，是人们对处于特定位置上的人的行为的期望。社会角色的类型可以分为：先赋角色与自致角色、规定角色与开放角色、理想角色与实际角色。角色扮演的过程包括了解角色期望、角色认同和角色扮演的具体过程。在角色扮演中可能出现的问题包括角色混淆、角色紧张、角色冲突和角色失败。

三、重点、难点问题解析

（一）社会行动及社会互动的含义是什么？

在社会活动中，人们的行为（或行动）具有社会性，这表现为人们的行为是有目的的。这种行为指向他人，并以他人的符合自己预想的反应为目的的行为被称为社会行动。群体活动和社会过程是以互为条件和结果的社会行动为基础的，当相关双方相互采取社会行动时就形成了社会互动。社会互动也称为社会相互作用或社会交往，它是人们对他人采取社会行动和对方做出反应性社会行动的过程，是发生于个人之间、群体之间、个人与群体之间的相互的社会行动的过程。

社会互动的载体是行动，但行动并不等于物理学意义上的动作，因为在社会生活中，不动声色也是有意义的，它也属于人的行动。社会行动也并不都是具体的、集束的。一个企业为了应付外部竞争所采取的战略调整可能由许多具体的行动组成。不同文化之间的交流更不具体。社会互动在时间和空间上也不一定是两个紧密联系的行动。社会互动指的是人们注入了意义的行动之间的相互作用、相互影响。在这一过程中，互动双方对行动所包含的意义的最低程度的相同理解是互动得以形成的条件。

（二）为什么说集体行为是一种特殊的社会互动？

缺乏组织的一群人受到某一因素的刺激或影响而形成的众多人的共同行为称为集体行为或集群行为，如时尚、骚动、赶时髦。集体行为有如下特征：群体性、非组织性和突发性。集体行动本身是一个复杂的社会互动过程，当突发事件发生时，那些有重大心理压力且有一致信念的人都会去寻找解决问题的办法，但突如其来的事件使得人们来不及仔细地分析对策，而是相互寻求应付的办法。在此过程中伴随着众人的激动、七嘴八舌的意见，从而形成一个复杂互动的场面。在面对面的互动中情绪的互相感染是一个明显的特点。在群体激动的情况下，如果有人率先采取了某种大致符合众人信念取向的行动，就可能被寻找答案的人们所效仿，而形成众人的共同行为。

集体行为大多发生在公众场合，那些因受到环境压力而心理不安的人容易参与其中。在现代社会中，迅速的变迁会带来较多社会结构上的不整合，许多人处于不安之中，加之社会生活的大众化，容易发生集体行为。

（三）为什么说社会互动是社会构成和发展的基础？

第一，社会互动是最基本的社会过程，整个行动着的社会就是由形形色色的社会互动组成的；第二，社会互动形成了社会关系，社会关系是人们在长期的共同生活中形成的，在共同的活动中人们选择了某些行为模式，使其结构化，成为社会关系的模式和社会结构的基础；第三，社会互动促进了社会结构的变化，促进着社会的发展，而这种变化和发展是多方面的，人们不断用自己的行动，并通过社会互动建构着社会，建构着处于变动中的社会。

（四）如何区分先赋角色和自致角色？

角色与一个人在社会中的地位相关，获得地位的方式不同，其角色类型也不同。

建立在血缘、遗传等先天或生理因素基础上的、由先赋地位所规定的角色称为先赋角色，如性别角色、由年龄因素决定的角色、由种族决定的角色。先赋角色主要反映的是个人获得角色的被动性。

自致角色是经过个人努力而获得的角色。一个人通过自己的努力而获得某种社会地位，与此相应，他也就获得了某种社会角色，如“寒门出贵人”。自致地位和自致角色的获得与个人的努力有关，也与社会的制度有关。在现代的开放社会中，人们通过个人努力获得自己所期望的地位和角色的可能性更大。

四、练习题

（一）单项选择题（从给出的4个备选答案中选出1个正确答案并将其填入题干后的括号里）

1.（　　）认为，有意识、有目的的行为是社会学研究的对象。他把人的社会行动分为目的理性行动、价值理性行动、情感行动和传统行动四类。

A. 韦伯

B. 帕森斯

C. 迪尔凯姆

D. 马克思

2.（　　）对社会行动的结构做了深入分析，他认为作为“单元”的社会行动包括下列要素：行动者、目的、手段、条件和规范。

A. 韦伯

B. 帕森斯

C. 迪尔凯姆

D. 马克思

3. 竞争的形成条件不包括（　　）。

A. 存在着占有同一目标的个人或群体，想占有的同一目标发生竞争点

B. 参与竞争者都希望独自占有这一目标物，而不是共享

C. 这种被争夺目标是稀缺的

D. 压制、破坏乃至消灭对方

4. 集体行为作为一种特殊的社会互动，其特征不包括（　　）。

A. 群体性

B. 非组织性

C. 普遍性

D. 突发性

5.（　　）提出了“镜中自我”的概念，认为人们都是以他人为镜来认识自己的，在社会互动中人们通过他人对自己行为的态度和反应来反观自己、认识自己，就像从镜子里发现自己那样。

A. 韦伯

B. 戈夫曼

C. 米德

D. 库利

6.（　　）是一种通过分析在日常环境中的人们的互动来研究人类群体生活的社会学理论派别，它主要研究的是人们相互作用发生的方式、机制和规律。

A. 符号互动论

B. 社会交换论

C. 拟剧论

D. 常人方法学

7．以下哪一位学者不是符号互动论的代表人物？（　　）

A．米德

B．布鲁默

C．托马斯

D．布劳

8．（　　）是从符号互动论中发展出来的，具有自身特点的、说明日常生活中人与人之间相互作用的理论，其倡导者把社会比作舞台，把社会成员比作演员来解释人们的日常生活。

A．符号互动论

B．社会交换论

C．拟剧论

D．常人方法学

9．拟剧论的倡导者是（　　），他把社会比作舞台，把社会成员比作演员来解释人们的日常生活。

A．韦伯

B．戈夫曼

C．米德

D．库利

10．（　　）认为社会学应该研究常识世界，研究日常生活世界中的实践活动，而实践活动具有能动性。在日常生活中，人们的行动具有权宜性，即行动并不是按照事先规定的规则进行，而是行动者根据局部情况、场景条件，并依赖自身的努力完成。

A．符号互动论

B．社会交换论

C．拟剧论

D．常人方法学

11．常人方法学是研究人们在日常生活互动中使用方法的理论，其创始人是（　　）。

A．加芬克尔

B．戈夫曼

C．米德

D．库利

12．（　　）把人与人之间的互动看成是交换行为，是人们交换报酬和惩罚的互动过程，是期望从别人那里得到回报、并且一般也确实得到了回报的人们的自愿行为。

A. 符号互动论

B. 社会交换论

C. 拟剧论

D. 常人方法学

13. （　　）的社会交换论被称为结构交换论，因为他研究的重点不在于人际关系，而在于社会结构。他认为交换的主体可以由个人扩展到群体和社会组织，于是交换也可以创造社会制度和社会结构。

A. 加芬克尔

B. 布鲁默

C. 霍曼斯

D. 布劳

14. 社会角色是同类社会成员共享的行为，是社会性的而非个人性的，是指导某类社会成员而不是个别成员的行为规范。这体现了社会角色的什么特点？（　　）

A. 普遍性

B. 具体性

C. 复杂性

D. 表现性

15. 一个人的性别、出生次序和种族是自己无法选择的，但是当他（或她）面对其他人时，就自然获得了某种角色。这是属于什么类型的角色？（　　）

A. 自致角色

B. 先赋角色

C. 规定角色

D. 理想角色

16. 在现实社会中，特别是在日常生活中，社会对许多角色并没有明确而具体的规定，而只是指出了扮演这种角色所应遵循的基本思想，这类角色的承担者可以根据自己的理解，在一定范围内活动，这种角色叫（　　）。

A. 自致角色

B. 先赋角色

C. 规定角色

D. 开放角色

17. 以下哪一个角色属于规定角色？（　　）

A. 父母

B. 夫妻

C. 公务员

D. 朋友

18. 以下哪一种说法体现了自致角色？（　　）

A. 三纲五常

B. 自古忠孝难两全

C. 寒门出贵人

D. 长兄为父

19. 在社会现实中，一个人同时承担了多种角色，而且其中的两种或多种角色对承担者的期待发生矛盾、难以协调，从而使角色扮演者左右为难，这种现象称为（　　）。

A. 角色混淆

B. 角色紧张

C. 角色冲突

D. 角色失败

20. 有的人将工作中的角色行为模式带入家庭生活之中，或者将日常生活中的行为模式带入工作之中，未能随着活动场合的变化而改变自己的角色行为。这时候就会造成（　　）。

A. 角色混淆

B. 角色紧张

C. 角色冲突

D. 角色失败

21. 有的人参加了大量不同的社会活动，承担着许多社会角色，以至于出现了基本没有时间和精力去扮演某些角色而疲于应付的现象，这就是（　　）。

A. 角色混淆

B. 角色紧张

C. 角色冲突

D. 角色失败

22.（　　）是一个人未能和无法成功地扮演某种角色的现象，这是角色承担者严重不称职或他已不能继续承担这种角色的情况。

A. 角色混淆

B. 角色紧张

C. 角色冲突

D. 角色失败

（二）多项选择题（从给出的5个备选答案中选出2~5个正确答案并将其填入题干后的括号里）

1. 韦伯把人的社会行动分为四类：（　　）。

A. 目的理性行动

B. 价值理性行动

C. 情感行动

D. 传统行动

E. 集体行为

2. 从社会互动的性质来看，可以分为（　　）。

A. 人际互动

B. 群体互动

C. 合作

D. 竞争

E. 冲突

3. 从社会互动的行动主体来看，可以分为（　　）。

A. 人际互动

B. 群体互动

C. 合作

D. 竞争

E. 冲突

4. 集体行为是缺乏组织的一群人受到某一因素的刺激或影响而形成的众多人的共同行为。其特征是（　　）。

A. 群体性

B. 非组织性

C. 普遍性

D. 特殊性

E. 突发性

5. 社会互动的意义体现在（　　）。

A. 能促进对自我的认识

B. 能满足行动者的需要

C. 是社会构成与发展的基础

D. 客观地认识自己

E. 形成社会关系和社会结构

6. 在符号互动论中，符号是基本的概念，是指所有能代表人的某种意义的事物，比如（　　）。

A. 语言

B. 文字

C. 动作

D. 物品

E. 场景

7. 符号互动论的代表学者包括（　　）。

A. 米德

B. 托马斯

C. 布鲁默

D. 库利

E. 加芬克尔

8. 戈夫曼用了哪些概念来阐述他的拟剧论？（　　）

A. 印象管理

B. 前台和后台

C. 剧本

D. 演员

E. 镜中自我

9. 现代社会交换论的代表人物是（　　）。

A. 霍曼斯

B. 托马斯

C. 布劳

D. 库利

E. 加芬克尔

10. 社会角色的特点包括（　　）。

A. 普遍性

B. 具体性

C. 复杂性

D. 表现性

E. 发展性

11．属于规定角色的是（　　）。

A．公务员

B．警察

C．父母

D．医生

E．社会工作者

12．角色混淆是指人们对自己所要扮演的角色和角色规范认识不清，从而使扮演该角色的行为与其他角色的要求发生混淆的现象。角色混淆的发生原因是（　　）。

A．角色认知不清

B．场景分辨不清

C．角色紧张

D．角色失败

E．角色冲突

13．以下哪些现象体现了角色冲突？（　　）

A．忠孝不能两全

B．夫妻因感情破裂而离婚

C．干部贪污后被开除公职

D．因婆媳冲突而被夹在中间的男人

E．婴幼儿用对待家人的行动来对待客人

14．以下哪些现象体现了角色失败？（　　）

A．忠孝不能两全

B．夫妻因感情破裂而离婚

C．干部贪污后被开除公职

D．学生因各种原因而中途退学

E．婴幼儿用对待家人的行动来对待客人

（三）辨析题（判断正确或错误并简单地说明理由）

1．人们本能的、无意识的相互行为也是社会互动。

2．打人一巴掌这一动作在各种不同的背景下的意义会有不同，甚至完全相反。

3．“寒门出贵人”体现了先赋角色。

4．“忠孝不能两全”指的是角色紧张。

（四）简答题

1. 韦伯把社会行动分为哪四种类型？

2. 为什么说社会互动是社会构成和发展的基础？

3. 如何区分先赋角色与自致角色？

4. 角色扮演包括哪些阶段？

（五）论述题

1. 社会互动的意义是什么？

2. 现实社会中，社会角色的数量和类型难以计数，如何分类？举例说明。

3. 人们在角色扮演中可能会产生哪些问题？举例说明。

（六）材料分析题

1. 成都3小时击破“化学污染水命脉”谣言

昨日中午12时许，成都全城自来水管网水压突然迅猛下降，管网水压一度低至日常状况30%以下，一些居民楼的自来水龙头水流细若丝线。自来水变得异常“紧俏”。

之前两小时，“紫坪铺水库被污染”、“化工厂爆炸”、“全城停水”的消息，开始通过居民楼“内部通知”，成都市民亲朋好友短信、电话互打的方式不胫而走，全市各处开始大量蓄水。

很多居民搬出所有坛坛罐罐，甚至把一些废弃的饮料瓶也装满了水。而在成都很多超市、副食店，桶装水和矿泉水开始脱销。

这一恐慌前后持续了大约4个小时，至昨日下午2时渐渐平息。

昨日中午1时，成都市市长助理、市政府秘书长、市抗震救灾指挥部新闻发言人毛志雄发表紧急电视讲话辟谣，说根据市环保部门联合监测和排查，成都及其周边地区未发生任何企业有毒液体泄漏或爆炸事故。“成都市水源充足，水质完全符合安全饮用标准，供水正常，请广大市民放心使用。”

毛志雄同时强调，成都市场物资供应充裕，完全能满足市民正常生产、生活需求。“公安机关已开始对制造谣言者进行追查，一经查实，将依法作出处理，决不手软。”

政府的公开辟谣迅速收到效果，至昨日下午2时，这一“水危机”渐渐平息。

位于都江堰上游约6千米的紫坪铺水库，最大坝高156米，水库总库容11亿多立方米，调节库容近8亿立方米。

紫坪铺水库目前已成为成都市区及其周边县城主要的水源地，也是调节灌溉四川3000万亩（每亩≈666.67平方米，全书同）良田达2000年之久的都江堰的上游水源。“5·12特大地震”发生后，该水库电站厂房出现局部损坏，库中树枝等漂浮物也较日常多，该水库的安全被视为重中之重。

13日，受四川省委书记刘奇葆、省长蒋巨峰的委托，四川省人大常委会副主任郭永祥组织有关单位成立了紫坪铺大坝现场指挥部，采取了加强上游来水监测、限制水库运行水位、紧密监测工程状况、加紧电站恢复检修等措施，进一步确保紫坪铺水库大坝安全运行。

昨日晨，成都军区命令2000名官兵火速前往当地救灾、泄洪。同时，国家水利部副部长矫勇也及时率专家组赶到紫坪铺水利枢纽工程指导抗震救灾。

水利部专家组对紫坪铺工程各重要部位进行了全面的详细检查，对各种监测数据进行了科学分析评估，认定紫坪铺水库大坝结构稳定和安全。

水务专家、成都市政府防汛指挥部办公室主任丁鹤昨天对《第一财经日报》说，紫坪铺水库设计库容量是11.2亿立方米，在地震发生前的实际库容量是3亿立方米，不到设计满载的1/3，70%的库容是空的，“大坝目前的运行情况良好，非常安全”。

“化学污染成都市水命脉”的谣言的另一版本，可能来源于发生强烈地震灾害的都江堰市。早前，该市蒲阳橡胶厂发生火灾，消防部门对当地居民进行了疏散，但该火灾属于常规火灾范畴，未造成有害气体泄漏，不会影响供水状况。

成都市消防支队副政委唐勇基对《第一财经日报》表示，13日凌晨3时，成都119指挥中心接到来自都江堰市蒲阳橡胶厂的火警电话。消防官兵到达现场后，很快采取措施将火扑灭。同时，“考虑到一些橡胶制品起火后产生的烟雾可能对人体有害，为保护群众安全，就对周围居民进行了疏散”。

成都市环保局昨天也表示，地震灾害发生后，环保部门已经迅速组成了抗震救灾应急分队，分赴全市各地对地震灾害之后的环境安全进行排查。从目前反馈的情况来看，“我市尚未因为地震灾害而引发环境污染事故，我市的饮用水源也很安全，请老百姓放心”。

——成都3小时击破“化学污染水命脉”谣言. 第一财经日报. http://www.sina.com.cn，2008－05－15.

2. “最美女警”蒋敏

蒋敏，女，羌族，1980年9月出生，中共党员，2001年10月参加公安工作，四川省彭州市公安局政工监督室民警，三级警司。在2008年的抗震救灾工作中，蒋敏同志在惊悉母亲、女儿等10名亲人不幸遇难的噩耗后，强忍失去亲人的巨大悲痛，毅然坚守工作岗位，日夜奋战在抗震救灾第一线，积极投身抢救受伤群众、安置灾民生活等工作中，为保卫人民群众生命财产安全，维护灾区社会治安稳定作出了突出贡献。因连续奋战，劳累过度，蒋敏同志身体极度虚弱，多次昏倒在抢险救援现场。蒋敏同志的先进事迹，充分体现了“人民公安为人民”的政治本色和“忠诚可靠、秉公执法、英勇善战、纪律严明、无私奉献”的新时期人民警察精神。

2008年5月22日，人力资源和社会保障部、公安部联合作出决定，授予蒋敏全国公安系统一级英雄模范荣誉称号。23日，全国妇联决定，授予蒋敏全国“三八红旗手”荣誉称号。由此，蒋敏被人们称为“最美女警”。2009年1月18日，蒋敏荣获第七届“中国十大女杰”荣誉称号。

新闻纪实

采访蒋敏前，所有的记者都约定，不问关于她亲人遇难的问题。刚说完，女警蒋敏就走了进来，只见她眼皮浮肿、走路摇晃……她蹙着眉头，轻轻说了句：“我没事，一直在努力吃饭。”

地震发生13天以来，除了去趟北京参加中央电视台赈灾晚会外，失去10个亲人的蒋敏一直在灾区一线坚持工作。其间因伤心和疲累晕倒数次，她因此被网友称作“最坚强的中国警察”。“这场地震啊，真是不堪回首。”——地震中，蒋敏在北川的10位亲人被永远地埋在了废墟下，她工作的彭州市也损失惨重。

受灾：彭州损失惨重

提前到达的记者走进蒋敏的办公室，她正埋头忙着，对记者的到来浑然不觉。半晌，她突然仰起头，靠在椅子上掩面长叹：“这场地震啊，真是不堪回首。”尽管蒋敏随后要接受数十家媒体的拍照、摄像，但她右额上的头发凌乱地牵拉着，眼皮浮肿，素面朝天。

让蒋敏不堪回首的，除了自己远在北川的女儿和父母在地震中尽数被埋，还有眼前的废墟和哭喊。“公安局旁的一幢宿舍墙垮了，一下子砸死6个人。”随后，蒋敏又去了市内的灾民安置点帮忙，一个12岁的小女孩，安静地跟在她身后，死活不愿意回3楼睡觉。“我离开时已是深夜，小女孩坐在操场梯子上，神情孤独。”这个女孩让蒋敏在以后的救灾工作中，一直深受触动。她说：“彭州的灾情惨重……但愿我的努力，能给他们带去一点点帮助吧。”

救灾：蒋敏险些遇难

参加完央视的救灾晚会，倔强的蒋敏开始催促起和她同去的单位领导：

"我要回彭州，同事们都在一线奋战呢。"蒋敏很快回来了：到灾民安置点搭帐篷、照顾灾区小孩，去银厂沟送救灾物品、在单位做物资配发……蒋敏拼命让自己忙起来，除了想借此冲淡心底的伤痛外，她更想多帮助别人。"如果亲人还在那边，那边肯定也会有人无微不至地照顾他们。"蒋敏轻声地说着话，语气安静而缓慢，眼神有些呆——事实上，由于地震后一直坚持在工作岗位上5天5夜，蒋敏已经晕倒了数次。她在接受新浪采访时称，每一位民警都是一枚钉子，一旦她回北川找亲人，便没有多的人为她做这份工作。"在大灾难面前，每一个人都想力所能及地多做一点。"从北京回来的第二天，虚弱的蒋敏就去银厂沟送物资，"前面一辆大卡车在爬坡时打滑，直直地朝我们的车撞过来"。蒋敏险些遇难。

小家：全家被埋十几米深

"母亲和女儿被埋了十几米深，别说尸骨，连一件纪念品都刨不出来了。"坐在记者对面的蒋敏，再次哽咽，她倔强地昂着头，保持着她惯有的发呆姿势，努力不让眼泪流下来。同事张燕说，这几天，一直不敢回家的蒋敏开始回家休息，"她丈夫郑午把满房间女儿的玩具、照片都藏了起来"。疲累至极的蒋敏学会了在地震后睡觉。

记者不敢问她一个人时都会想些什么，蒋敏的平静让所有提问都温情而小心。张燕说，蒋敏从来不在人前大哭，只看见她丈夫去北川找亲人前，两人抱着头哭……"如果5月11日，蒋敏工作不是那么忙，她和丈夫就按计划把女儿接回成都上幼儿园了。"按照蒋敏的计划，她还要把父母、外婆、奶奶都接到成都，享受天伦之乐。但前日，蒋敏只能忍着眼泪叙述："希望妈妈、女儿他们在已经到达的世界好好活着。"

大家：所有人都是我的亲人

从北京回来后，蒋敏去天彭中学安置点帮忙。看到一群正在长身体的孩子兴高采烈地吃着大白菜，她鼻子发酸："他们个个都说很好了，但现在正是该补充营养的时候。"然后，她又去提醒一位母亲，女儿在盆子里洗澡不要感冒了，母亲突然答非所问："我奶水不够，娃娃没吃饱。"蒋敏难过地转过了头——电视画面上正重复着蒋敏搭帐篷的镜头，虚弱的她费力地扶着铁杆，突然不支，晕了过去。在倒下去之前，蒋敏朴实的一席话让全国流泪："其实他们都是我的家人，帮助他们，就像是在帮助我自己的家人一样。"蒋敏说，所有的孩子都像是她自己的孩子一样。她还说，中年丧子的人比她更痛苦，她愿意当他们的女儿。

在大灾难面前，蒋敏这个失去母亲的孩子、这个失去孩子的母亲，正践行着神圣的大爱——所有人都是我们的亲人。

这几天，蒋敏一直在努力吃饭和睡觉，这也是她北京之行后最大的改变。“我没有三头六臂，也不如大家所宣扬的伟大……我得到的，太多了。”蒋敏说，同事和所有人都在奋力抗灾，不能让大家在这时候分心照顾她。

作为“成都市公安局抗震救灾先进事迹报告团”的成员，女警蒋敏第一次在金牛宾馆为自己的成都战友们作报告。这之前，她刚刚被提拔为彭州市公安局光明路派出所教导员。由于接连不断的汇报、演讲，刚从北京回到成都的蒋敏还来不及走上自己的“新岗位”。“暂时还没当过一天教导员”的蒋敏说，她今后的工作重心将是灾后重建和恢复家园，被问及“升官”是否担心会遭遇网友批驳时，蒋敏说，她和蒋晓娟的心态其实是一样的。“当初我们做这些事时，完全是出自本能，没有谁想过名和利……问心无愧就行了。”蒋敏坐在椅子上，笑容轻松，“虽然还没有正式进入角色，但以后我还是愿意做原来的、真实的自己……和蒋晓娟一样，不管别人怎么看”。

与先前相比，眉头舒展的蒋敏依然质朴而低调，她一再强调，作为一名被推举出的代表，她每次报告讲述的，其实是所有警察的故事。

——“最美女警”蒋敏. 百度百科，www. baidu. com.

五、参考答案要点

（一）单项选择题

1. A　2. B　3. D　4. C　5. D　6. A　7. D　8. C
9. B　10. D　11. A　12. B　13. D　14. A　15. B　16. D
17. C　18. C　19. C　20. A　21. B　22. D

（二）多项选择题

1. ABCD　2. CDE　3. AB　4. ABE　5. ABCDE
6. ABCDE　7. ABCD　8. ABCD　9. AC　10. ABCD
11. ABDE　12. AB　13. AD　14. BCD

（三）辨析题

1．答：错误。社会行动是人们具有社会性的行动，表现为人们的行为是有目的的。这种行为指向他人，并以他人的符合自己预想的反应为目的。因此，人们本能的、无意识的相互行为并不是社会行动，只是物理学意义上的相互作用。

2．答：正确。在符号互动论看来，情境是指人们在行动之前所面对的情况或场景，包括作为行动主体的人、角色关系、人的行为、时间、地点和具体场合等。因为人们可以将上述因素进行组合以表达自己的意义，只有将符号视为一个系统，或者在一定背景下去理解符号才能真正领会其中的含义。因此，打人一巴掌这一动作就要放在具体的情境中进行分析，在各种不同的背景下的意义会有所不同，甚至完全相反。

3. 答：错误。“寒门出贵人”体现了自致角色。先赋角色是建立在血缘、遗产等先天或生理因素基础上的、由先赋地位所规定的角色。自致角色是经过个人努力而获得的角色，一个人通过自己的努力而获得了某种社会地位，与此相应，他也就获得了某种社会角色。

4. 答。错误。“忠孝不能两全”指的是角色冲突。角色冲突是一个人同时承担了多种角色，而且其中的两种或多种角色对承担者的期待发生矛盾、难以协调，从而使角色扮演者左右为难。角色紧张主要是个人的时间、精力、能力不适应他所承担的过多角色的要求。

（四）简答题

1. 答：韦伯把人的社会行动分为四类：目的理性行动、价值理性行动、情感行动和传统行动。

2. 答：社会互动形成了社会关系；社会关系是社会结构的基础；社会互动促进社会结构的变化，社会行动建构着处于变动中的社会。

3. 答：先赋角色是建立在血缘、遗产等先天或生理因素基础上的、由先赋地位所规定的角色。自致角色是经过个人努力而获得的角色，一个人通过自己的努力而获得了某种社会地位，与此相应，他也就获得了某种社会角色。

4. 答：角色扮演的过程：了解角色期望、角色认同和角色扮演的具体过程。

（五）论述题

1. 答：首先是社会互动能促进对自我的认识。从个性形成和人的发展的角度来看，社会互动对于促进人们对自我的认识具有重要的作用。一个人如果不同别人交往、进行社会互动，他就不能客观地认识自己。

其次，社会互动能满足行动者的需要。人的社会性决定了人必须在社会中生活，个体的非自足性决定了他必须与他人共同活动来满足自己的需要，这就需要社会互动。通过有选择的社会互动人们满足着自己的需要。

最后，社会互动是社会构成与发展的基础。社会结构的基础是社会关系。社会关系是人们在长期的共同生活中形成的。在共同的生活中，人们选择了某些行为模式，使其结构化，成为社会关系的模式和社会结构的基础。没有人们之间的社会交往、社会互动，就不可能形成社会关系和社会结构。同时，社会互动又促进着社会结构的变化，促进着社会的发展，而这种变化和发展是多方面的。人们不断用自己的行动，并通过社会互动建构着社会，建构着处于变动中的社会。

2. 答：首先依角色的获得方式分为先赋角色和自致角色。先赋角色是建立在血缘、遗产等先天或生理因素基础上的、由先赋地位所规定的角色。如男人或女人。自致角色是经过个人努力而获得的角色，一个人通过自己的努力而获得了某种社会地位，与此相应，他也就获得了某种社会角色。如“寒门出贵人”。

其次，依角色的行为、行为规范和标准是否有明确而严格的规定分为规定角色和开放角色。规定角色是指对角色的行为、行为规范和标准是否有明确而严格的规定，它具体指出了角色承担者的权利和义务、应该做什么和不能做什么，甚至指出应该做到什么程度，即对承担这种角色的人的行为进行了严格限制。如公务员。而在日常生活中，社会对许多角色并没有明确而具体的规定，而只是指出了扮演这种角色所应遵循的基本思想，这类角色的承担者可以根据自己的理解，在一定范围内活动，这种角色叫开放角色。如父母。

最后，依角色实现程度分为理想角色与现实角色。对于处于任何社会位置、承担某一角色的成员来说，社会都为其设计了一套应该遵守的、理想的、被期待的行为规范来指导其行为，这套行为规范是人们应该践行的。如“三纲五常”。实际角色是处于某一社会位置上的人实践其所应遵行的角色规范的情况而实际上表现出来的角色。由于个人社会化程度、社会条件、现实情境等多方的原因，人们并不一定都能照理想角色去做。

3. 答：由于人的活动的多样性、活动情境的复杂多变以及个人能力的限制，人们在角色扮演中可能会产生一些问题，以至于发生不能有效地扮演角色的现象。

首先是角色混淆，即人们对自己所要扮演的角色和角色规范认识不清，从而使扮演该角色的行为与其他角色的要求发生混淆的现象。角色混淆的发生主要有角色认知不清和场景分辨不清两种原因。前者如婴幼儿不会区别对待家人和客人，后者如把工作中的角色行为模式带入家庭生活中。

其次是角色紧张，即一个人承担多种社会角色的现象称为复式角色，个人的时间、精力、能力不适应他所承担的过多角色的要求。如兼职过多。

再次是角色冲突，即一个人同时承担了多种角色，而且其中的两种或多种角色对承担者的期待发生矛盾、难以协调，从而使角色扮演者左右为难。如忠孝不能两全。

最后是角色失败，即一个人未能和无法成功地扮演某种角色的现象，这是角色承担者严重不称职或他已不能继续承担这种角色的情况，分为角色行为失败和角色关系解体两种情况。前者如公务员贪污腐败而成罪犯；后者如夫妻感情破裂离婚，夫妻关系解体。

（六）材料分析题

1. 答：谣言和抢购水的事件是集体行为。第一是集体行为的定义：在某种特殊场合下会发生一种无规则的、以当时的场景为基础的互动现象。案例材料是一种集体行为。第二，集体行为的特征：群体性、非组织性和突发性。案例中行为具有了上述特征。第三，集体行为是一个复杂的社会互动过程，在突发事件中、特定情境中，人们有着重大的心理压力和不安全感，来不及仔细分析情况，宁可信其有，不可信其无。第四，现代社会发达的通信条件加快了谣言的传播速度。抢购行为加大了谣言的真实可能性。如果有人率先去买水，就会被大家效仿，而形成了众人的共同行为。水的价钱也就随着攀升。第五，政府迅速地采取了应急措施，组织专家及时辟谣，谣言不攻自破。第六，个人在集体行为中要有理智的判断力，不要盲目传谣信谣。

2. 答：第一，蒋敏身上有多种角色：女人、女儿、母亲、妻子、警察、受灾者、英雄模范、“十大女杰”，等等。既有先赋角色也有自致角色，既有规定角色也有开放角色。第二，蒋敏承担了多种社会角色，是复式角色。面对各种活动和各种采访，蒋敏的时间和精力有限，出现了角色紧张。第三，在蒋敏身上的这些角色里，有些角色要求是相互冲突的，比如作为一个失去女儿的母亲和失去母亲的女儿与作为一个人民警察。但是蒋敏毅然选择了坚守工作岗位。第四，蒋敏在接受各种荣誉和参加各种活动时，被提拔到新的工作岗位，也在学习角色扮演的具体过程，学习创造和随机应变以处理新问题，包括她的同事们。第五，个人对蒋敏事迹的感受。

第五章　社会群体

一、学习目的和要求

帮助学生把握“社会群体”、“初级社会群体”以及“社会组织”的内涵、特征、类型，正确认识人类结成社会群体的基本原因。深刻理解初级社会群体重要的社会功能，认识初级社会群体在现代社会的演变趋势。正确认识社会组织在当今社会发展中越来越重要的作用，了解社会学中一些主要的组织管理理论的基本观点，如古典管理理论、行为科学管理理论、参与管理理论等，初步学会对社会组织作多视角、多层次的观察。

二、内容提要

社会群体是指人们通过互动而形成的、由某种社会关系连接起来的共同体。在这个共同体中，成员具有共同身份和某种团队感以及共同的期待。与“偶遇群体”或“统计群体”不同，社会学中的社会群体具有成员之间有直接、明确和持久的社会关系；共同的身份和群体意识；一定的群体边界；群体成员有某种共同的期待与行动能力等特点。从不同的角度，它可以被区分为不同的类型，比如：小群体与大群体（按群体的规模分）；初级社会群体与次级社会群体（按成员间关系的亲密程度分）；正式群体与非正式群体（按群体内部行为规范的正式程度分）；血缘群体、地缘群体、业缘群体、趣缘群体（按群体形成的基本缘由分），等等。人类结合成社会群体的一般原因包括：首先是对付压力和合作的需要；其次是群体本身所具有的凝聚力因素；最后，权力也可能是一个重要原因。

初级社会群体是社会生活中最基本的社会群体形式。它是由面对面的交往形成的，具有亲密的成员关系的社会群体。因此，除具有社会群体的一般特征外，它还具有规模较小；持续、直接而全面的交往；人际关系亲密；非正式控制等鲜明特征。初级社会群体的类型主要有：家庭、儿童游玩群体、邻居、朋友圈子等。这些群体是个人社会化的基本场所、个人走向社会的桥梁，可以满足人的多方面的需要，有助于维护社会秩序。随着社会的发展，初级社会群体已经出现了一些重大变化，主要表现在：初级社会群体的某些功能外移；群体内部的成员关系趋于松懈；某些初级社会群体名存实亡。

在初级社会群体诸形式中，家庭是一个典型。在社会调查中，一般将家庭分为核心家庭、夫妻家庭、主干家庭、联合家庭、隔代家庭、单亲家庭等几种类型。家庭一般具有生物功能、经济功能、抚育功能、赡养功能和休息与精神满足等功能。但随着社会发展，家庭在规模、形式、功能等方面正在发生重大变化。

在现代社会中，社会组织是最有代表性的群体形式。社会学中的社会组织是指为了实现特定目标而有意识地组合起来的社会群体。社会组织的特征包括：社会组织是人们有目的、有意识地组织起来的群体；目标比较简单、明确；成员之间的关系不那么亲密；成员的可替代性强，等等。帕森斯根据社会组织在社会生活中承担的职能，将它们分为四类：经济生产组织、政治目标组织、整合组织和模式维持组织。布劳等人从组织运动的受惠者的角度将组织分为互利组织、服务组织、经营性组织和公益组织。艾兹奥尼根据组织中权威性质或组织对成员的控制方式将组织分为三类：强制性组织、功利性组织和规范性组织。除此之外，有些学者还从规模角度将组织分为小型组织、中型组织、大型组织，等等。社会组织的结构既包括正式结构也包括非正式结构。并且，在组织社会学研究中，非正式群体和非正式结构已成为一个核心问题。

在对组织的理论研究方面，比较著名的古典管理理论有：泰罗的科学管理理论；法约尔的一般行政理论；韦伯的科层制理论。其中韦伯的科层制理论对于理解现代社会尤其重要。行为科学的管理理论则是用科学的方法探究人的积极行为动因，发端于20世纪20年代的霍桑试验，40年代以后被理论化。霍桑试验的发现提出了如何看待正式组织中的非正式群体的作用问题，以此为起点，逐渐形成了一套以“关心人”为中心的全新管理思路和方法。组织管理学家巴纳德较早意识到权威的接受性问题，提出组织是由多个人组成的协作体系。作为研究决策问题的管理学家，西蒙支持参与式决策，认为组织就是与权威相联系的、众人参与选择的决策系统。20世纪90年代以后，治理理论又在组织领域得到广泛运用。

中国的单位制度是在20世纪50年代开始实行的、以企事业组织为单位，承担政府的社会分工目标并对其成员进行全面管理的制度。中国的单位组织具有功能合一、组织资源的非流动性、组织成员对组织高度依赖、行政等级性等特点。改革开放以来，我国的单位制度也已经发生了重大变化，它是一个了解我国改革与社会变迁的有效视角。

三、重点、难点问题解析

（一）社会群体有哪些重要类型？

区分社会群体的类型之所以非常重要，是因为这其中实则已经暗含了我们观察、研究社会群体若干非常重要的视角。从这些重要视角出发，可以大大加深我们对社会的理解。

从不同的视角，可以将社会群体区分为以下一些类型：按群体的规模分，可以区分为小群体与大群体；按成员间关系的亲密程度分，可以区分为初级社会群体与次级社会群体；按群体的正规化程度分，可以分为正式群体与非正式群体；按群体形成的基本缘由及群体成员间关系的性质分，可以分为血缘群体、地缘群体、业缘群体、趣缘群体；按群体成员对群体的心理归属分，可以分为内群体和外群体；按人们在确定自己地位或决定其行为和态度时的身份归属分，可以分为所属群体和参照群体。

在上述类型中，社会学对于小群体的研究、初级社会群体的研究、社会组织的研究、非正式群体的研究等取得了丰硕的成果，值得我们多加留意。

（二）人类为什么必须以结群的形式存在？

人类为什么要结成群体？这是一个与人类社会形成原因同样重要和基本的问题。

首先，虽然至今人类结合成群体的社会原因并不是完全清楚，但其基本原因可以说还是明确的：对付外在压力与合作的需要。这种需要从根源上来看，源于人类个体能力的有限性与满足个体自身所意识到的关于维持其存在和发展的各种欲望之间的矛盾。

其次，群体本身具有凝聚力，这也是群体之所以能维持的原因。所谓群体凝聚力，是指群体成员之间互相吸引并整合为一体的力量，是不同个体结合成群体的基本要素和内在机制。群体凝聚力也表现为群体对成员的吸引力和成员之间的团结。

最后，权力也是一个重要原因，尤其是当群体并不是完全自愿地形成的时候。

（三）初级社会群体有哪些重要功能？

初级社会群体（primary group），又称基本群体或首属群体，反映了人们最简单、最基本的社会关系，是社会的基本构成单位。因此，了解初级社会群体的功能就显得比较重要。这里要注意的是，初级社会群体既有正功能，也要看到其负功能。并且，其正负功能均可从群体内部成员个人的角度和群体对于整个社会的功用两个方面来分析。具体而言主要有：

第一，个人社会化的基本场所。初级社会群体是一个人最初参与并在其中长期生活的群体，因而对儿童和少年的成长至为重要。正如库利所说，它是“镜中自我”形成的关键。

第二，个人走向社会的桥梁。总体来说，其他社会群体和公众社会对成员的要求更为普遍化和标准化。因而一个人要能更好地适应社会的需要，就必须要经过初级社会群体阶段。

第三，满足人的多方面的需要，尤其是人的情感需要。这首先是由社会群体功能的综合性所决定的，其次也与初级社会群体内部较少功利性有关。

第四，有助于维护社会秩序。

当然，初级社会群体也有一些负功能。比如，可能会抑制个性发展；当初级社会群体的某些价值观与社会发展的要求不一致时，成员对群体的忠诚可能会损害社会利益，等等。

（四）现代社会中，初级社会群体发生了哪些重要变化？

了解初级社会群体变化的重要性在于，它不仅是了解社会变迁的一个重要视角，而且对于观察社会稳定与个人生活方式的变化也非常重要。

了解初级社会群体在现代社会中变化的关键，是要将它放到社会由传统向现代变迁的整体背景之中，它主要与工业化、城市化和现代价值观念的影响直接相关。工业化造成了高度的社会分工，也肢解了传统社会的经济和社会生活；城市化带来了人们的迁移和工作较为频繁的变化，撕扯着亲属之间的联系，制约着亲密的邻居关系的形成；现代化崇尚的工具理性突出了个体的价值，但也侵害着公共生活，这些都不利于初级社会群体价值观的形成，更难以形成社区性的初级社会群体，因而造成初级社会群体在现代社会的某些衰落。

初级社会群体的变化主要表现在：初级社会群体的某些功能已经外移。社会上出现了一些专门机构来承担原来由初级社会群体（特别是家庭）实现的功能，比如教育、娱乐功能等。初级社会群体内部的成员关系趋于松懈。在现代条件下，人们的经济和社会活动越来越不囿于传统的社会主旨。人们普遍参与社会生活，使得它们在初级社会群体的深入的、面对面的交往减少，一些交往活动也趋于形式化。某些初级群体已经名存实亡。比如，“邻里”就是一个典型例子。

初级社会群体的衰落所造成的影响也是多方面的：一方面，这使人们从初级社会群体中获得的温情的、充满人性的关怀变少，社会秩序的维持将遇到更多挑战；另一方面，这将给人们带来更多的机会，人们的生活也会变得更加丰富多彩。

（五）经典社会学家对组织类型做了哪些重要区分？

社会组织是社会学家非常关注的群体形式，也产生过很多经典的研究。由于研究问题的角度不一样，一些经典的社会学家对社会组织做了不同的分类。帕森斯根据社会组织在社会生活中承担的职能，将其分为四类：经济生产组织，即把经济利益放在首位的组织，如实业公司；政治目标组织，即形成和部署社会的权利的组织，如政府机构；整合组织，即调节冲突的组织，如法庭；模式维持组织，是具有文化、教育功能的组织，这类组织的功能是教化社会成员认同社会文化、维持原有的制度和行为模式，如教会、学校。布劳等人以受惠者为基础，将社会组织分为：互利组织，即以组织成员内部的互惠为目的的组织，如工会；服务组织，即为组织的受惠者提供良好服务的组织，如学校；经营性组织，其价值主要以货币来衡量，如公司；公益组织，即以一般公众为受益对象的组织，如政府。艾兹奥尼根据组织中权威的性质或组织对成员的控制方式，将社会组织分为：强制性组织，指建立在暴力基础上，以强迫手段使其成员服从的组织，如监狱；功利性组织，即以金钱和物质报酬对成员进行控制的组织，如公司；规范性组织，即用规范对其成员进行控制的组织，如教会。这些区分从不同视角丰富了我们对社会组织的认识，值得我们注意。

（六）韦伯的科层制理论的主要特点有哪些？

韦伯对科层制的探讨，开创了系统论述现代组织机制的先河，具有非常重要的意义。所谓科层制（bureaucracy），也就是韦伯根据纯粹理想型观点提出的社会组织内部分层、权力分等、分科设层、各司其职的组织结构模式和管理方式。

韦伯认为，一个理想型的组织应该具备以下特征才是最有效率的：①分工清楚、权责明确，即组织内部有清楚分工，每一个成员的权力和责任都有明确规定；②职位分等、上下分明，即组织的职位之间形成自上而下的权威体系，下级接受上级的指挥；③专业训练、专业资格，行政人员因具备各种专业技术资格而被选中，他们具有专业资格；④专职行政、职权相随，即行政人员是专职的公职人员，组织中的职务是他们的职业，但职位并不为私人所有；⑤规范升迁、量才用人，行政管理人员的升迁根据年资或政绩，取决于上司的评价；⑥严格纪律、接受监督，组织内部有严格的纪律，下级必须接受上级的监督。⑦公私分离、非人格化，组织所有成员的活动都无一例外地受到正式规则的制约并排除任何情感因素。

在韦伯看来，依照科层制原则组织起来的机构是合理的，这种合理性表现为它能体现组织追求高效率的目标。能人结构、紧密地连接与配合、事本主义原则共同保障了科层组织的有效运转，从而达到既定目标。应该说，韦伯的科层制理论为后来的现代组织理论研究奠定了基础，同时，对它的批评、质疑，也使得组织理论不断地得到丰富和发展。

四、练习题

（一）单项选择题（从给出的4个备选答案中选出1个正确答案并将其填入题干后的括号里）

1. 以下不属于社会群体的特征是（　　）。
   A. 明确的成员关系
   B. 持续的相互交往
   C. 一致的群体意识
   D. 没有分工协作
2. 一个人所属于的、对其有认同感和忠诚的群体是（　　）。
   A. 初级群体
   B. 参照群体
   C. 内群体
   D. 基本群体
3. 在社会学史上，对“街角社会”的研究作出了突出贡献的是（　　）。
   A. 托马斯
   B. 斯拉舍
   C. 梅奥
   D. 怀特
4. 初级社会群体的概念首先是由美国社会学家（　　）提出来的。
   A. 库利
   B. 萨姆纳
   C. 帕克
   D. 默顿

5．（　）通过研究小群体的互动，揭示了一般的群体过程。

A．贝尔斯

B．勒温

C．库利

D．齐美尔

6．首属群体是指（　　）。

A．为了某种目标而建立起来的群体

B．通过明确的规章制度结成正规关系的社会群体

C．以感情为基础结成亲密关系的社会群体

D．以制度化的方式结成的群体

7．下列对于“儿童游玩群体”的理解错误的是（　　）。

A．这种群体一般规模不大、儿童年龄大体相当

B．儿童游玩群体是儿童在玩耍中自然形成的

C．作为儿童间游玩的群体，其存在和发展与父母间的关系毫不相干

D．儿童游玩群体有利于儿童们扮演各种角色

8．初级社会群体最重要的特征是（　　）。

A．群体规模较小

B．人际关系比较亲密

C．群体中存在非正式控制

D．有正式的规章约束

9．下列对于作为初级社会群体的“邻居”表述正确的是（　　）。

A．作为初级社会群体的“邻居”，相邻而居是其最重要特征

B．随着社会的发展变化，“邻居”的初级社会群体特征正在逐渐加强

C．与其他初级社会群体不一样，“邻居”作为初级社会群体是可以容易地实现替代的

D．“邻居”是由于居住地域上的靠近，在日常生活中有密切交往而逐渐形成的

10．1955 年，美国社会学家 Solomon Asch 做了一个视觉辨别实验。试验大体分三步：第一步，分组：以 7 ~ 9 人为一组，其中 1 人为实验对象，但他不知道在做实验，其他人则知道是在做实验。第二步，在每组面前举起 2 张卡片，1 张卡片上画着 1 条线段，另 1 张卡片上画着 3 条线段，但只有 1 条与第一张卡片上的线段完全相等。第三步，请试验对象大声说出第 2 张卡片上哪条线段与第 1 张卡片上的相等（要求同伴有时故意出错）。结果

吃惊的是，有三分之一的实验对象修改了自己的答案。他们之所以选择在自己看来也是错误的答案，只是因为他们不想成为一个不合群的人，只想与大家保持一致。这个试验有力地证明了（　　）。

A. 人性的软弱

B. 群体成员间关系的亲密性

C. 群体成员具有非利己的动机

D. 群体中非正式控制的存在

11. 下列对于“家庭”的理解错误的是（　　）。

A. 家庭是社会生活的基本单位

B. 在阶级对立的社会，可以将家庭看成社会的细胞，即家庭中男性对女性的权力体现了社会中的阶级对立

C. 从事生产是家庭得以存在的首要前提

D. 家庭是一个历史的范畴

12. 一般地说，家庭建立的基础是（　　）。

A. 生产关系

B. 婚姻关系

C. 亲子关系

D. 抚养与赡养关系

13. 三代以上同堂，每代至多只能有一对夫妻，但最小一代上面那一代的一对夫妻必须健全，这样的家庭一般可称为（　　）。

A. 核心家庭

B. 直系家庭

C. 联合家庭

D. 隔代家庭

14. 对于子女成婚后仍与父母生活在一起，或者兄弟成婚后并不分家，费孝通将它称为（　　）。

A. 核心家庭

B. 大家庭

C. 主干家庭

D. 不完整的核心家庭

15.《世界革命与家庭模式》的作者是（　　）。

A. 威廉 · 古德

B. 费孝通

C. 马克 · 赫特尔

D. 雷洁琼

16. 组织作为一个复杂体系，其核心在于（　　）。

A. 明确目标

B. 划分权力

C. 科学决策

D. 上下沟通

17. 组织与初级群体最显著的区别是（　　）。

A. 正式而明确的制度化规定

B. 对其成员有明确的角色规定

C. 有一定的权威体系

D. 组织规模比较大

18. 帕森斯将调节冲突的组织称之为（　　）。

A. 经济生产组织

B. 政治目标组织

C. 整合组织

D. 模式维持组织

19. 下列组织中，属于布劳等人所言的互利组织的是（　　）。

A. 工会、政党、俱乐部

B. 工会、医院、律师事务所

C. 政府、邮局、学校

D. 工会、学校、律师事务所

20. 根据下面图例，该机构属于哪种组织管理结构？（　　）

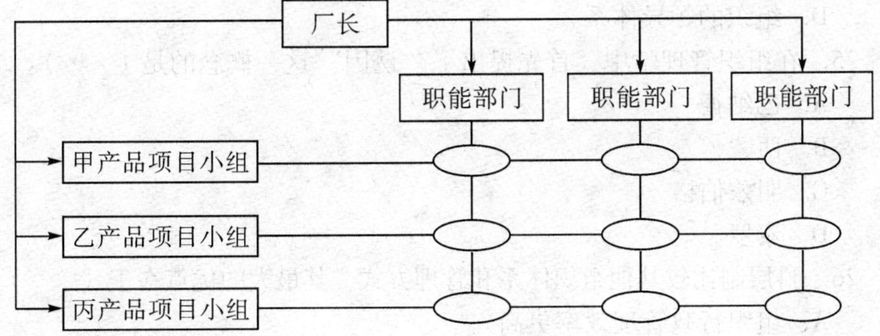

A. 职能型组织

B. 事业部型

C. 直线—职能型

D. 矩阵结构

21. 巴纳德认为组织的存在和成功取决于组织成员的贡献与满足之间所维护的平衡，这一理论被称为（　　）。

A. 组织协调理论

B. 组织平衡理论

C. 组织行为理论

D. 组织权变理论

22. 按照韦伯的区分，如果某公司经民主选举，产生了新一任董事长，那么相对于该公司而言，该董事长属于（　　）。

A. 法理性权威

B. 传统性权威

C. 魅力型权威

D. 政治型权威

23. 下列对于组织目标的论述错误的是（　　）。

A. 组织目标是组织存在的合法化根据

B. 组织目标是不同性质的组织相互区别的标准

C. 组织目标为组织参与者之间的分工合作提供了基础

D. 组织目标与个人目标是必然一致的

24. 下列选项中，不属于组织的环境的是（　　）。

A. 权力部分所制定的相关政策和规则

B. 行业规章

C. 与某一组织相关的中介组织

D. 组织的领导体系

25. 在组织管理学中，首先提出了“诱因”这一概念的是（　　）。

A. 巴纳德

B. 西蒙

C. 明兹伯格

D. 泰罗

26. 科层制比较其他组织体系和管理方式，其最大的优点在于（　　）。

A. 组织行政管理效率更高

B. 组织领导的权威性更大

C. 组织成员的活动更个性化

D. 组织适应外界变化的能力更强

27. 下列哪位管理学家从人性的角度对以往的管理模式进行分析，提出了“X 理论”和“Y 理论”。(　　)

A. 泰罗

B. 法约尔

C. 梅奥

D. 麦格雷戈

28. 提出人们怎样被对待在很大程度上是一种自我实现的预言的是(　　)。

A. 麦格雷戈

B. 威廉·大内

C. 梅奥

D. 布尔迪厄

29. 20 世纪 80 年代初，美国社会学家（　　）关于中国国营企业的研究开创了单位组织和单位制的研究 。

A. 托马斯

B. 帕克

C. 华尔德

D. 科尔曼

30. 在计划经济时代，我国城市中普遍实行的组织制度是（　　）。

A. 城乡二元管理体制

B. 社区制

C. 科层制

D. 单位制

（二）多项选择题（从给出的 5 个备选答案中选出 2～5 个正确答案并将其填入题干后的括号里）

1. 按群体形成的基本缘由，社会群体可分为（　　）。

A. 血缘群体

B. 地缘群体

C. 业缘群体

D. 趣缘群体

E. 所属群体

2. 下列属于社会群体的是（　　）。

A. 儿童游玩群体

B. 消费者协会

C. 候车群

D. 工会

E. 大学生群体

3. 社会群体产生和存在的原因有（　　）。

A. 它是生产活动的需要

B. 它是社会生活活动的需要

C. 它是个人生存和发展的需要

D. 它能满足个人的心理需要

E. 它能满足统计上的需要

4. 请判断下面哪些群体属于首属群体？（　　）

A. 家庭

B. 学校

C. 邻里

D. 儿童游玩群体

E. 朋友圈子

5. 下列社会学家中，对小群体研究作出了突出贡献的有（　　）。

A. 齐美尔

B. 勒温

C. 怀特

D. 帕森斯

E. 迪尔凯姆

6. 初级群体研究之所以具有重要的意义，是因为（　　）。

A. 研究初级群体，有助于全面、深入地把握社会过程

B. 初级群体可以看成社会的雏形

C. 研究初级群体中人们的心理过程与行为方式，有助于推动社会心理学与行为科学的发展

D. 有助于在实际工作中，通过对初级群体的改造和引导，发挥其正功能

E. 初级社会群体是现代社会中最有代表性的组织形式

7. 下列对于社会群体特征表述错误的是（　　）。

A. 社会群体成员间具有共同的身份和群体意识

B. 只要具有某种共同特征的一群人都可称为社会群体

C. 社会群体都具有一定的边界

D. 社会群体内的成员往往是不容易被替代的

E. 群体成员有某种共同的期待与行动能力

8. 现代社会中初级社会群体的变化主要体现在（　　）。

A. 初级社会群体的某些功能外移，从而使得人们相应地减少了对它的依赖

B. 一些初级社会群体内部的成员关系趋于松懈

C. 某些初级社会群体已名存实亡，如“邻居”

D. 初级社会群体的组织化趋势越来越明显

E. 初级社会群体越来越成为当代社会主要的群体形式

9. 在现代社会中，家庭的发展趋势主要体现在（　　）。

A. 家庭正日益变成一个私生活的场所

B. 在家庭的经济功能中，家庭的生产功能越来越重要

C. 家庭的类型日益多样化

D. 在可以预见的将来，家庭必将趋于消亡

E. 家庭中男女两性的关系越来越平等

10. 家庭承担的功能及其方式的变迁主要与哪些因素有关？（　　）

A. 家庭生命周期

B. 社会发展的不同阶段

C. 民族文化的差异

D. 社会政策的不同

E. 城乡之间的差别

11. 相对于初级社会群体，组织具有下列哪些特征？（　　）

A. 社会组织是人们有目的、有意识地组织起来的群体

B. 社会组织的目标非常明确

C. 组织成员之间的关系不那么亲密

D. 社会组织成员的可替代性强

E. 组织中非正式控制的存在

12. 下列属于社会组织的是（　　）。

A. 球迷协会

B. 篮球玩伴

C. 班委会

D. 校足球队

E. 校党委

13. 帕森斯把社会组织分为（　　）。

A. 经济组织

B．政治组织

C．整合组织

D．模式维持组织

E．服务组织

14．艾兹奥尼根据组织中权威的性质或组织对成员的控制方式，将组织分为（　　）。

A．强制性组织

B．功利性组织

C．规范性组织

D．公益性组织

E．互利组织

15．韦伯把所有权威分为三种理想的类型，它们分别是（　　）。

A．传统型权威

B．魅力型权威

C．政治型权威

D．法理型权威

E．经济型权威

16．组织的构成要素有（　　）。

A．规则体系、明确目标、物质设备

B．规则体系、概念体系、物质设备

C．规则、设备、人群

D．概念、规则、设备

E．明确目标、规则、领导体系

17．科层制在组织结构和运行机制方面的特点包括（　　）。

A．组织中有严格而缜密的规则，凡事均有章可循

B．成员都具有专业资格

C．组织以工作为核心，遵循事本主义原则

D．组织中存在非正式结构

E．科层组织是迄今为止人类社会出现的最有效率的制度形式

18．霍桑试验的重要发现包括（　　）。

A．工人是社会人

B．组织中存在非正式群体

C．通过提高士气来提高工作效率

D．物质刺激是影响工人积极性的决定性因素

E. 集体主义能够保证内部和谐

19. 中国单位组织的特征包括（　　）。

A. 功能合一，即任何单位组织都有自身的专业分工，同时又承担政治管理职能和社会职能

B. 组织资源的非流动性

C. 组织成员对组织有很强的依赖性

D. 组织具有行政等级

E. 组织运行的高效性

20. 下列对于中国单位制度论述正确的是（　　）。

A. 单位制度是与计划经济体制、集中管理和官本位传统密切相关的一种制度

B. 在特定时期内，单位制度实现了资源的有效动员

C. “单位办社会”使得组织负担沉重，专业效率较低

D. 单位制有利于实现资源的合理配置

E. 一般而言，单位组织对成员有较强的向心力

（三）辨析题（判断正确或错误并简单地说明理由）

1. 所谓社会群体，其主要特征就在于其群集性。

2. 初级社会群体一般都规模较小。

3. 婚姻关系是家庭存在的必备前提。

4. 社会组织成员的可替代性比较强。

5. 韦伯提出的“科层制”，是他基于对经验现实的总结的结果。

6. 中国的单位组织非常有利于在专业化分工的基础上提升组织的效率。

（四）简答题

1. 简述社会群体的特征。

2. 简述初级群体的功能。

3. 何谓“内群体”？

4. 与初级社会群体相比，社会组织具有哪些鲜明特征？

5. 简述非正式结构的正功能。

6. 简述霍桑试验的重要发现。

（五）论述题

1. 我国转型时期的初级社会群体发生了哪些变化？这种变化对社会生活有何影响？

2. 试论当代中国家庭的发展变化趋势。

3. 什么是社会组织？它的基本特征是什么？与理想类型的组织相比，

中国的单位组织（以计划经济体制下的某个大型国有企业为例）还有哪些突出的特征？

4. 试评述韦伯科层制理论的特点与主要缺陷。

（六）材料分析题

1. 以下为关于我国街角青年群体的几段材料，阅后请回答问题。

材料一：青年学者黄海对长沙某区街角青年群体的调查

“调查结果显示，在这58人当中，来自父母离异或其他原因（丧父或丧母）的单亲家庭的有17人，占‘DY帮街角青年’的29.3%；来自单亲且有父母亲犯罪的问题家庭（不重复计算第一类单亲）的有11人，占‘DY帮街角青年’的18.9%；来自家庭完整但有父母犯罪的问题家庭的有10人，占‘DY帮街角青年’的17.3%；来自父母亲对子女不闻不问，忙于生计和赚钱的完整家庭的有20人，占‘DY帮街角青年’的34.5%；综合统计，来自单亲家庭和问题家庭的‘街角青年’有38人，占‘DY帮’的65.5%。”

“在被调查的‘DY帮’58个‘街角青年’中，小学文化程度以下（含小学毕业）的有15人，占‘DY帮街角青年’的25.9%；初中文化程度以下的有40人，占‘DY帮街角青年’的68.9%；初中毕业的为3人，占‘DY帮街角青年’的5.2%；高中文化程度以上（含高中或职高）的为0人。”

“‘DY帮’的老大‘天哥’曾经和我们说过：‘我们这些人，刚开始也想踏踏实实地做点事情。我们也开过铺子，可是别人一听说是几个小混混开的，就连门都不进来。出去做事吧，谁也不愿意请我们，认为我们是社会渣滓！’”

——黄海．解读“街角青年”——一个亚犯罪青少年群体的前期生态调查与分析．青少年犯罪问题，2005（2）.

材料二：青年学者左鹏、李艳对天津Y社区街角青年的调查

“街角青年”的很多行为都带有明显的亚犯罪特征。他们大多很早就离开了学校，只有初中文化，有的还中途辍学，甚至只读到小学，这样一无特长、二无学历、三无资本，找不到稳定的工作，于是把大把的时间耗费在了附近的网吧、台球室和游戏厅，旷课逃学、扎堆抽烟、沉溺网吧、聚众斗殴、结伙抢钱、偷盗车辆是他们经常上演的戏码，而且不少人有“前科”。比如，小A曾因破坏社区健身器材而被社区民警和居委会批评教育；小F屡次在社区内偷窃自行车，已经是派出所的“常客”；小D15岁时就因打架斗殴被少管所管教一年，后又因抢劫一部手机和60元钱被“判三缓三”。

——左鹏，李艳．当代城市“街角青年”探析——以天津市Y社区为例．西北人口，2008（3）.

问题：

（1）根据材料一，试从人的社会化的角度分析中国街角青年群体的形成原因。

（2）从材料二可以看出，街角青年群体的存在已经对社会稳定造成了一定影响。试结合材料一和二，说说您认为帮扶街角青年们将可能有哪些有效路径？

2. 以下为一些社会学家关于中国单位组织的论述，阅后请回答问题。

材料一：

“在中国，每一个单位组织都在不同程度上形成了一个功能多元化的综合体，国家通过单位向个人提供各种各样的社会服务，分配各种各样的社会资源，满足个人最基本的社会经济需求。单位在提供这种全方位社会服务的过程中，同时给予了单位成员在单位内外行动的身份、权利和地位。这也意味着，它必须全方位地依赖单位才能满足自己的基本需要，实现自己的行为目标，进而也取得在社会上行动的身份、地位和资格。”

——李汉林．中国单位社会：议论、思考与研究．上海：世纪出版集团、上海人民出版社，2004：37－38.

材料二：

“当国家直接占有社会资源时，为了实现对资源的占有和调动，国家用一系列级别体系来规定一个单位组织可以占有和利用的资源，类似于在一个科层组织的内部一样。在这种情况下，单位组织都被纳入统一的国家行政系列之中。单位组织根据它们在国家权力体系中的地位，据有或支配不等的资源。因此，在单位制度下，单位组织被赋予不同的行政级别，并以此为基础享有国家授予的支配社会资源的权力。”

——李路路，李汉林．中国的单位组织：资源、权力与交换．杭州：浙江人民出版社，2000：203－204.

材料三：

“改革开放以来……一些单位逐步地从国家和上级单位的控制之下游离出来，形成‘没有上级的单位’，比较典型的是一些私营企业、中外合资公司以及一些股份制企业集团；一些个人及单位成员也逐步地从对单位组织的强烈依赖中解脱出来，产生一些‘没有单位的个人’，这主要反映在个体劳动者或从事第二职业、停薪留职、另谋出路的现象大量涌现。”

——李汉林．中国单位社会：议论、思考与研究．上海：世纪出版集团、上海人民出版社，2004：91.

问题：

(1) 根据材料一和材料二，请归纳中国单位制度的特点。

(2) 根据材料三，说说改革开放以来中国单位制度发生了哪些变化?

(3) 根据材料一、二、三，并结合所学知识，试指出单位制度的变化给中国社会治理带来的挑战。

五、参考答案要点

（一）单项选择题

1. D　2. C　3. D　4. A　5. A　6. C　7. C　8. B
9. D　10. D　11. C　12. B　13. B　14. B　15. A　16. A
17. A　18. C　19. A　20. D　21. B　22. A　23. D　24. D
25. A　26. A　27. D　28. A　29. C　30. D

（二）多项选择题

1. ABCD　2. ABD　3. ABCD　4. ACDE　5. ABC
6. ABCD　7. BD　8. ABC　9. ACE　10. ABCD
11. ABCD　12. ACDE　13. ABCD　14. ABC　15. ABD
16. ACE　17. ABC　18. ABC　19. ABCD　20. ABCE

（三）辨析题

1. 答：错误。社会学中的社会群体指的是人们通过互动而形成的、由某种社会关系连接起来的共同体。在这个共同体中，成员具有共同身份、某种团队感以及共同的期待。而偶然聚集在一起的一群人，比如候车群体，就显然与此不符。因此，本命题错误。

2. 答：正确。因为初级社会群体是由面对面的交往形成的具有亲密成员关系的社会群体，这需要频繁的交往互动。规模的扩大会导致群体成员间关系数量的急剧增加，从而难以形成普遍的亲密的人际关系。所以，初级社会群体的规模一般都较小。从现实中来看，家庭、儿童游戏群体、朋友圈子、关系密切的邻居等典型的初级群体的规模也确实较小。故本命题正确。

3. 答：错误。确实，婚姻是家庭存在的一个重要因素，并且仍是当前大多数家庭之所以存在的首要前提。但是，复杂的社会生活造就了复杂的家庭形式。特别是在现代社会中，家庭存在和发展的具体原因就更为复杂，因而造成了即便没有婚姻也存在家庭的众多例子，比如单身家庭、单亲家庭，等等。这个提法太绝对了，故不正确。

4. 答：正确。这是社会组织的一个鲜明特征。由于社会组织是一种事业群体，成员之间只是事业上的合作关系，只要某人能履行工作职责，做好本职工作，都可能成为社会组织的一员。这与初级社会群体由于存在成员之间的多方面互相依赖因而成员往往不易替换的情形是不一样的。所以本命题正确。

5. 答：错误。这是韦伯根据其“理想型”的研究方法而构建的一种组织结构模式和管理方式。这里的理想型，也就是指它并非建立在对于事实的经验概括之上，而只是参照某些事实，根据某些理论原则而进行主观建构的一种思维方法。因而，本命题错误。

6. 答：错误。中国的单位组织具有功能合一、组织资源非流动性等特征，因此，它既无法充分发挥其专业优势，也无法充分实现资源的合理配置，其行政等级性还往往容易造成组织的膨胀冲动，这些因素都会造成组织效率降低。故本命题错误。

（四）简答题

1. 答：社会群体的基本特征有：第一，社会群体成员之间具有直接的、明确和持久的社会关系；第二，群体成员具有共同的身份和群体意识；第三，群体有一定的边界；第四，群体成员有某种共同期待与行动能力。判断我们日常语境中的某类“群体”是否属于这里所讲的“社会群体”，应当将以上四个方面结合起来进行分析。

2. 答：初级社会群体的功能可以从正功能与负功能两个方面来分析。就正功能而言，主要包括：第一，它是个人社会化的基本场所；第二，它是个人走向社会的桥梁；第三，它能满足人的多方面需要；第四，它有助于维护社会秩序。但初级社会群体也可能会对个人或社会产生负面影响：从微观心理角度看，初级群体可能压抑个性的形成和个人积极性的发挥，限制个人的社会发展；从宏观结构角度看，当初级社会群体的某些价值与社会发展的要求不一致时，成员对群体的忠诚可能会损害社会利益等情形，就是如此。

3. 答：内群体是美国社会学家萨姆纳为了描述群体成员对自己人与对他人的感情而使用的一个概念，与外群体相对应。所谓内群体，是指凡是成员感到自己与群体关系密切，对群体有强烈归属感的群体，又称“我们群体”。而那些不属于“我们”的群体则是外群体。这种区分对于个人对群体的评价有重要影响。如萨姆纳就认为，人们常常对自己所属的内群体有较高评价，而对外群体有所怀疑甚至抱有敌意。

4. 答：社会学中研究的社会组织一般是指为了实现特定目标而有意识

地组合起来的社会群体，如企业、政府、学校、医院、社会团体等。因此，与初级社会群体相比，它具有以下一些特征：第一，社会组织是人们有目的、有意识地组织起来的群体。第二，社会组织的目标比较简单、明确。第三，组织成员之间的关系不那么亲密。第四，社会组织成员的可替代性比较强。

5. 答：可以从两个方面来看，一是非正式群体的存在对于群体成员的积极支持作用，二是非正式群体对组织目标达成的积极作用。对于前者，它又主要体现在：首先，它给群体成员以感情上的支持。其次，它给群体成员以工作方面的支持和帮助，比如在一些敏感问题上互相提醒，在工作中提供特殊的关照，在遇到不利处境时帮助承担责任，等等。对于后者，主要表现在：当非正式群体并不是为了对抗组织的权威而出现时，它的存在可有助于缓解组织功能不足而造成的组织成员心理方面的郁闷，组织领导人也可利用非正式群体去了解和传播信息，使组织运行更有效率，等等。

6. 答：霍桑试验的重要发现主要有：第一，工人是社会人。研究发现，工人工作并不仅仅是出于经济上的考虑，除了金钱收入，他们还有感情及心理方面的需要。第二，组织中存在非正式群体，它对组织成员的行为乃至正式组织的效率产生着重要影响。第三，可以通过提高士气来提高工作效率。这样，霍桑试验就得出了一个重要结论：社会因素是影响工人积极性的决定性因素。

关于正式组织中非正式群体的发现，是组织管理学中对韦伯科层制理论的重要突破，大大丰富了我们对组织的认识，对后来逐渐形成一套以“关心人”为中心的全新的管理思路和方法产生了重要影响。

（五）论述题

1. 答：第一，关于我国转型时期初级社会群体发生了哪些变化。

近代以来，特别是改革开放以来，我国社会正在发生深刻的转型。在这场由传统社会向现代社会的转型过程中，工业化和信息化、城市化深入推进，极大地改变了人们的生产方式与生活方式，价值观念已随之发生重大变化。这对我国的初级社会群体产生了重大影响，主要表现在：

（1）随着社会分工的发展，初级社会群体的某些功能已经外移。社会上出现了一些专门机构来承担原来由初级社会群体（特别是家庭）实现的功能，比如教育、娱乐功能等。目前，这种趋势还在进一步的发展中。

（2）初级社会群体内部的成员关系趋于松懈。随着社会发展，生活与工作节奏普遍加快，于是造成初级社会群体内部深入的、面对面的交往减少，一些交往活动也趋于形式化。

(3) 某些初级群体已经名存实亡。比如，“邻里”就是一个典型。

第二，这种变化对社会生活的影响。主要体现在：

(1) 我国社会秩序的维持将遇到更多挑战。一方面是人们从初级社会群体中获得的温情与关怀可能变得更少，而这种温情与关怀往往是其他社会群体所无法提供的；另一方面，人与人之间工具性关系的发展，可能造成人们行事的道德感弱化。这都会对社会秩序的稳定造成一定影响。

(2) 当人们越来越跳出初级社会群体的小圈子时，在客观上可能将给人们带来更多的机会，生活也可能会变得更加丰富多彩。

2. 答：当代中国家庭的发展变化趋势是与中国社会的深刻变化相联系的。随着社会的发展，我国家庭的重大变化主要体现在：

(1) 从家庭形式来看，越来越多样化。不仅传统的家庭形式仍然存在，一些非传统家庭形式也在逐渐发展，比如单身家庭、单亲家庭、重组家庭、丁克家庭、空巢家庭，等等。

(2) 从家庭内部的关系来看，男女之间与代际之间越来越平等。一方面，父权仍然在一些家庭中客观存在；但另一方面，妇女的地位也有了极大提高，家庭中父母与子女的关系也越来越平等。

(3) 从家庭规模来看，越来越趋于向核心家庭收敛。家庭形式多样化与家庭规模向核心家庭收敛的趋势并存，这是当前我国家庭演变的一个特点。根据对中国5城市的调查，20世纪50年代初期，核心家庭的比例为55%，60年代末为63%，70年代后期为59%，80年代末为66%。之后一直保持了大体的稳定，就说明了这种趋势。

(4) 从家庭功能来看，家庭越来越成为人们私生活的空间。社会发展首先在于改变着家庭的收入水平与收入格局，改变着家庭成员的职业及与此相连的家庭成员的社会地位，改变着家庭成员的价值观念。这三个方面的变化进而影响到家庭的各个方面——家庭的诸项功能、家庭结构与家庭关系。随着国家和作为国家代表的单位从个人私生活领域退出，家庭日益变成一个私生活的场所，这是中国城市家庭变迁的总趋势。

(5) 从地区的角度看，农村家庭越来越与城市家庭趋同。对于农村而言，中国广大农村虽然由于区域分化而在家庭变迁方面程度不同，但总的趋势都是在家庭制度的诸方面向现代城市家庭靠近。当然，对落后农村地区来说，这种家庭变迁或者还处于萌芽状态，或者才刚刚开始。

3. 答：社会组织有广义与狭义之分。前者是指人们从事共同活动的所有群体形式，狭义的社会组织则是指为了实现特定目标而有意识地组合起来的社会群体。社会学研究的社会组织主要是后者。

相对于初级社会群体，社会组织具有一些明显特征，比如：社会组织是人们有目的、有意识地组织起来的群体；目标比较简单、明确；成员之间的关系不那么亲密；成员的可替代性强，等等。

理想类型的组织，一般是指韦伯所设计的科层制组织形式。这样的组织应具备以下特征：①分工清楚，权责明确；②职位分等，上下分明；③专业训练，专业资格；④专职行政，职权相随；⑤规范升迁，量才用人；⑥严格纪律，接受监督；⑦公私分离，非人格化。韦伯认为，这才是人类最有效的组织形式。显然，韦伯的设计是近代以来理性已经高度发展的产物。尽管韦伯的科层制理论饱受批评，但毕竟为观察组织如何提高运行效率提供了一个有用的视角。

应当说，我国的单位组织也具有韦伯的科层制的某些特征，比如在职位分层、分科设层、规范升迁等方面均是如此。但是，我国的单位组织又具有自己的鲜明特征，主要体现在：第一，功能合一。任何单位组织都有自身的专业分工，同时又承担政治管理职能和社会职能。第二，组织资源的非流动性。组织中的人力、物力和财力资源归国家所有，国家将一系列管理制度如身份制度、档案制度加于组织之上，使资源难以在组织之间自由流动。第三，组织成员对组织有很强的依赖性。这是由组织掌握了其成员所需要的多种重要资源，而在组织之外缺乏这些资源所造成的。第四，行政等级性。单位组织都具有行政等级，由此决定了它在政府那里获取的资源和权利的大小。这也使整个国家成为一个特大的行政管理体系。

很显然，这些特征均与经典的科层制理论明显不同。正因为如此，我国的单位组织一方面有利于加强社会管理，有利于在特定时期进行人力、物力的集中动员，以及有利于培育成员对组织的忠诚，但在另一方面也带来了组织效率低下、机构膨胀等弊端，这些弊端需要在改革中加以摈除。

4. 答：韦伯对科层制的探讨，开创了系统论述现代组织机制的先河，具有非常重要的意义。在《经济与社会》和《社会组织与经济组织理论》中，韦伯比较系统地阐述了人们称之为理想科层制的组织理论。所谓科层制（bureaucracy），也就是韦伯根据纯粹理想型观点提出的社会组织内部分层、权力分等、分科设层、各司其职的组织结构模式和管理方式。韦伯认为，一个理想型的组织应该具备以下特征：①分工清楚、权责明确，即组织内部有清楚的分工，而且每一个成员的权力和责任都有明确规定；②职位分等、上下分明，即组织的职位之间形成自上而下的权威体系，下级接受上级的指挥；③专业训练、专业资格，行政人员因具备各种专业技术资格而被选中，他们具有专业资格；④专职行政、职权相随，即行政人员是专职的公职人员，组织中的职务是他们的职业，但职位并不为私人所有；⑤规范升迁、量才用人，行政管理人员的升迁根据年资或政绩，取决于上司的评价；⑥严格纪律、接受监督，组织内部有严格的纪律，下级必须接受上级的监督。⑦公私分离、非人格化，组织所有成员的活动都无一例外地受到正式规则的制约并排除任何情感因素。

在韦伯看来，依照科层制原则组织起来的机构是合理的，这种合理性表现为它能体现组织追求高效率的目标。能人结构、紧密地连接与配合、事本主义原则共同保障了科层组织的有效运转，从而有效地达到既定目标。但是事实上，在现实中科层制也有负功能，主要体现在：第一，严格的纪律、繁琐的规则使组织成员只能照章办事，可能形成“官僚主义人格”；第二，由于组织按专才选用人员，所以当专家遇到规则未能涉及的问题时可能会束手无策，从而产生“训练出来的无能”的现象。第三，组织中严格的分层及权利的明确划分使沟通变得繁琐，可能贻误时机。第四，事本主义原则把组织成员限制在工作范围内，缺乏感情沟通，久而久之会影响工作积极性，等等。

尽管如此，应该说，正是韦伯的科层制理论为后来的现代组织理论研究奠定了基础，同时，正是对它的批评、质疑，使组织理论不断地得到丰富和发展。

（六）材料分析题

1. 以下为关于我国街角青年群体的几段材料，阅后请回答问题。

（1）答：从人的社会化的角度看，材料一反映出中国街角青年的形成原因至少包括：第一，缺少良好的家庭教育，这是由于材料所示这些家庭存在各种缺陷造成的。第二，在学校教育的提供方面，由于应试教育体制的弊端，也往往导致排斥成绩差或表现不好的学生，从而使其被过早地推向社会。第三，主流社会的排斥，进一步逼迫街角青年们在街角寻求生存的乐趣和意义。

（2）答：第一，改善个人社会化的环境，尤其是要改良家庭教育和学校教育，使得问题青年们能获得良好的受教育机会。第二，改善街角青年的就业状况也是一个有效途径。从材料中反映的情况来看，尤其应该：一是加强技能培训，提高街角青年们的职业技能；二是社会要给予街角青年更多宽容，减少歧视，营造相对较好的从业环境。第三，加强法制教育。

2. 以下为一些社会学家关于中国单位组织的几段议论，阅后请回答问题。

（1）答：从材料一和二中可以看出，中国单位制度至少具有以下特点：

第一，中国单位组织是一个功能多元化的组织，这和现代社会组织目标一般较简单而明确的特点显然不同；第二，因为组织控制了社会中的几乎所有资源，因而造成个人对组织的依赖性；第三，单位具有不同的行政级别，并且，行政级别是与该单位所能从国家获取的资源多寡联系在一起的。

（2）答：材料三表明中国单位制度至少已发生了两重重大变化：第一，国家统一集中管理、占有和分配各种资源的体制格局已经打破、并逐步松动和瓦解，单位对国家和上级单位的依赖性在不断地弱化；第二，随着社会化服务的发展以及人们需求满足和利益实现方式的日益多样化，也使得个人及单位成员对单位组织的依赖性在逐步地弱化。

（3）答：从三则材料所反映的情况来看，新的挑战将至少包括：第一，由于单位制度是一套社会控制机制，因此在单位制度弱化过程中，如何建立一套新的、更合理的社会控制体系将是一个严峻的挑战。第二，由于单位是一个向个人提供多种社会服务的组织，因此，单位制度的变化要求中国建立起一套新的福利制度，以维护社会稳定；第三，在组织发展的转型过程中，可能会伴随着一些单位因不适应社会发展需要而解体，如一些国有企业的破产。如何维护这些原单位职工的利益，并帮助其获得新的发展机会，也将是关系社会稳定的一个重要问题。

第六章　社会分层与社会流动

一、学习目的和要求

社会分层与社会流动是社会运行宏观分析的重要内容。通过本章的学习，帮助学生理解社会分层与社会流动的基本理论，正确认识我国改革开放以来的社会分层与社会流动及其变化。让学生既要总体上掌握社会分层研究的两大理论传统，也要具体了解社会分层的方法和标准；既要总体上明确合理的社会流动是社会良性运行的重要协调机制，也要具体认识社会流动的类型与模式。

二、内容提要

社会分层指的是依据一定具有社会意义的属性，一个社会的成员被区分为高低有序的不同等级、层次的过程与现象。现代社会学用社会分层反映社会的不平等现象。社会流动是指个人或群体由社会的某一阶层到另一阶层的活动。它体现了个人或群体社会地位的变化、社会资源的再分配。合理的社会流动具有质和量的规定性。从量上看，既要满足社会发展需求又不超越社会承受力；从质上看，应能体现机会平等的理念。

了解社会分化与阶级是理解社会分层理论的基础之一。社会分化指原来承担多种功能的某一社会单位变为承担单一功能的多个单位，以及社会单位由地位相同变为地位相异的现象。所谓阶级，就是由那些对生产资料具有相同关系的人们所组成的社会集团。在马克思主义者看来，划分阶级的标准是经济地位，特别是对生产资料的占有关系。由于人们对生产资料的占有关系的不同，才使社会成员划分为不同的阶级。

社会学把由于经济、政治、社会等多种原因而形成的，在社会的层次结构中处于不同地位的社会群体称为社会阶层。社会阶层的划分具有多元特征，可以说任何社会特征，几乎都可以作为社会阶层的分析视角。因此，社会阶层分析是多视角的。一般而言，社会分层研究的两大理论传统是马克思主义的阶级理论和韦伯“三位一体”的分层理论。出于对资本主义社会的批判，前者更多地强调了社会冲突的方面；出于对资本主义社会的维护，后者更多地强调了社会协调的方面。

我国传统社会的分层比较简单，社会流动的规模较小，也不剧烈，社会结构呈现出明显的稳定性。改革开放使中国社会发生了深刻的变化，原有的社会阶层结构发生了显著的分化，一些新的社会阶层逐渐形成（如经理阶层、私营企业主阶层、农民工群体等）。

三、重点、难点问题解析

（一）马克思主义阶级理论的基本内容

第一，阶级是一个历史范畴，其产生与生产力发展的一定阶段相联系。

第二，阶级是一个经济范畴，它是有相同的经济地位和共同利益的社会集团，共同的利益使他们具有共同行动的可能性。

第三，阶级内部可以划分为不同的阶层，同一阶级的不同阶层在对待问题的态度上有差异。

第四，阶级斗争是阶级对立的必然产物，当阶级矛盾不可协调时，就可能爆发社会革命。

第五，阶级的消亡有赖于消除阶级产生的基础，私有制的消灭和生产力的高度发展是阶级消亡的基础。

（二）韦伯的“三位一体”的分层模式

韦伯主张从经济、声望、权力三个角度综合考察一个社会的经济、文化和政治三大领域中的不平等。他认为社会阶层的划分有三重标准：财富—经济标准、权力—政治标准和声望—社会标准。财富是指社会成员在市场经济中的生活机会；权力是指处于社会关系中的行动者即使在遇到反对时也能实现自己的意志的可能性；声望是指个人在其所处的社会环境中所得到的声誉和尊敬。

（三）社会分层与社会不平等

不少人对社会分层抱有抵触情绪，认为其导致了不合理的社会结构和社会制度，最终导致了社会的不平等。实质上，分层的确会导致不平等，但这种不平等有两层含义：一种是社会分层本身先天带来的不平等，体现为在社会层级结构中，有各种高下不同的社会角色，对此，功能论给出了它的解释，《尚书·吕刑》中也有“维齐非齐”的说法（合理的内容要靠不合理的社会制度来维护），因此，对这种“不平等”，我们应该理性看待；

另一种是由不合理的社会分层导致的不平等，如印度的种姓制度，对于这种“不平等”，我们就应该坚决反对。

四、练习题

（一）单项选择题（从给出的4个备选答案中选出1个正确答案并将其填入题干后的括号里）

1. 原来承担多种功能的某一社会单位变为承担单一功能的多个单位，以及诸社会单位由地位相同变为地位相异的现象被称为（　　）。

A. 社会化

B. 社会分化

C. 现代化

D. 社会变迁

2. 表现社会不平等的分化类型是（　　）。

A. 水平分化

B. 垂直分化

C. 基于自然因素的分化

D. 基于社会因素的分化

3. 阶级划分的物质基础是（　　）。

A. 政治地位

B. 劳动产品如何分配

C. 生产资料占有

D. 人们在生产劳动中的社会关系

4. 关于阶级理论的说法错误的是（　　）。

A. 阶级与生产力发展密切相关

B. 阶级的本质是剥削

C. 阶级斗争是阶级对立的必然产物

D. 阶级将始终存在于人类社会

5. （　　）的出现，使马克思的阶级理论受到很大冲击。

A. 垄断资产阶级

B. 小资产阶级

C. 新中间阶级

D. 自由职业者

6. 下列社会学家中，对马克思阶级理论进行适应性调整的是（　）。

A. 赖特

B. 布迪厄

C. 吉登斯

D. 福柯

7. 下列社会制度中，不属于等级制度的是（　）。

A. 法国大革命前的“三级制度”

B. 中国封建时代士农工商划分的“四民制”

C. 魏晋的“九品中正制”

D. 中国的户籍制度

8. 在印度“种姓制度”中居于最底层的是（　）。

A. 婆罗门

B. 刹帝利

C. 吠舍

D. 首陀罗

9. 下列关于社会阶层的说法错误的是（　）。

A. 阶层分析是主要的社会分层研究方法

B. 社会阶层的划分主要以经济因素为基础

C. 阶层分析中的价值取向并不明显

D. 阶层分析是阶级分析的深化和必要补充

10. 不属于韦伯“三位一体”分层理论标准的是（　）。

A. 经济标准

B. 政治标准

C. 文化标准

D. 社会标准

11. 使用较多的社会分层方法是（　）。

A. 主观法

B. 声望法

C. 客观法

D. 观察法

12. 在社会分层实践中，常用的综合指标是（　）。

A. 社会经济地位

B. 社会政治地位

C. 社会文化地位

D. 社会声望地位

13. 从更普遍的角度看，社会学家使用较多的分层指标是（　　）。

A. 收入

B. 年龄

C. 职业

D. 民族

14. 以研究中国社会分层闻名的社会学家是（　　）。

A. 李银河

B. 潘绥铭

C. 郑杭生

D. 陆学艺

15. 下列社会学家中，同意功能论主张的是（　　）。

A. 马克思

B. 帕森斯

C. 达伦多夫

D. 哈贝马斯

16. 子代相对于父代而言社会阶层地位的变动指的是（　　）。

A. 代际流动

B. 一生流动

C. 群体流动

D. 个人流动

17. 提出精英循环理论的著名社会学家是（　　）。

A. 斯宾塞

B. 韦伯

C. 帕累托

D. 迪尔凯姆

18. 美国社会学家米尔斯提出了（　　）的概念，对精英流动的研究作出了贡献。

A. 知识精英

B. 权力精英

C. 统治者精英

D. 非统治精英

19. 下列关于社会流动的说法，正确的是（　　）。
   A. 地理位置的改变往往伴随着社会流动
   B. 社会学研究社会流动时最关注的是水平流动
   C. 社会流动越频繁、越自由，对社会的益处越大
   D. 注重先赋地位的社会不太鼓励社会流动

20. 在下列我国的相关社会身份中，不属于身份系统的是（　　）。
   A. 户籍身份
   B. 籍贯身份
   C. 所有制身份
   D. 单位身份

（二）多项选择题（从给出的5个备选答案中选出2~5个正确答案并将其填入题干后的括号里）

1. 社会分化的主要特征包括（　　）。
   A. 分工单一化
   B. 功能专门化
   C. 结构复杂化
   D. 地位多样化
   E. 技术进步化

2. 在下列选项中，属于社会分化社会性影响因素的是（　　）。
   A. 民族
   B. 性别
   C. 职业
   D. 年龄
   E. 教育程度

3. 下列关于新中间阶级的说法，错误的是（　　）。
   A. 新中间阶级主要指垄断资产阶级
   B. 新中间阶级占有生产资料
   C. 新中间阶级大多产生于19世纪中期
   D. 新中间阶级不会分享剩余价值
   E. 新中间阶级的出现对马克思的阶级理论造成很大冲击

4. 社会阶层研究的意义主要包括（　　）。
   A. 阶层分析取代阶级分析，成为社会分层研究的唯一方法
   B. 阶层分析是阶级分析的深化
   C. 阶层分析适用于西方发达资本主义国家

D. 阶层分析是阶级分析的必要补充

E. 在非阶级社会中，阶层分析是认识社会结构的基本视角

5. 西方进行社会阶层研究的著名社会学家包括（　　）。

A. 韦伯

B. 索罗金

C. 伦斯基

D. 马克思

E. 帕累托

6. 下列关于社会分层方法的说法中，正确的是（　　）。

A. 主观法指人们根据某种标准，对自己的情况归类，指出自己所属阶层的方法

B. 社会分层的标准是多元化的，不同的标准会得出不同的分层结构

C. 《中国十大社会阶层分析》中所主要使用的分层指标是职业

D. 社会群体或职业在不同分层体系中位置相反的情况被称为地位相悖

E. 社会分层中高度的地位一致往往蕴含着社会冲突

7. 在社会分层的功能这一问题上，持冲突论观点的社会学家有（　　）。

A. 韦伯

B. 帕森斯

C. 马克思

D. 布劳

E. 达伦多夫

8. 社会流动的主要模式包括（　　）。

A. 开放式流动

B. 个体式流动

C. 群体式流动

D. 封闭式流动

E. 混合式流动

9. 影响社会流动的因素主要有（　　）。

A. 社会结构的性质

B. 经济和社会的发展程度

C. 教育的普及和发展

D. 家庭背景

E. 社会网络资源

10. 在下列社会阶层中，属于改革开放以来新出现的有（ ）。
    A. 私营企业主阶层
    B. 失业者阶层
    C. 产业工人阶层
    D. 办事人员阶层
    E. 专业技术人员阶层

（三）辨析题（判断正确或错误并简单地说明理由）

1. 社会阶级的划分主要以经济因素为基础。
2. 新中间阶级的出现，表明马克思的阶级理论已经过时。
3. 身份制度是一种等级化、不平等的社会制度。
4. 在全球金融危机的大背景下，中国沿海地区出现农民工“返乡潮”，这是一种典型的社会流动。

（四）简答题

1. 简述社会分化的主要类型。
2. 简述韦伯“三位一体”分层理论的社会学意义。
3. 什么是一生流动?
4. 简述帕累托精英循环理论的主要内容。

（五）论述题

1. 试评价马克思阶级理论的主要内容。
2. 结合社会分层，谈谈社会流动的主要功能。
3. 试分析我国的户籍制度在社会流动中的作用。

（六）材料分析题

1. 阅读下面的材料，回答相应的问题。

象牙塔里的穷学生和富学生

不久前，北大未名 BBS 匿名版上出现了这样一个帖子：

“我没有钱，我只有花样的年龄和未加修饰的容貌。我每天穿着朴素的衣服，站在花枝招展的她们中间。我每周都要坐 4 个小时的公交车，去给那个高傲的小女孩做家教。她很有钱，可连水都不想给我喝。我的家庭很穷。我的妈妈每天割猪草，双手满是老茧。我的父亲，风烛残年，可还要在建筑工地打工——为了我可怜的学费。我不期待爱情，我没有漂亮衣服，我没有化妆品，我的电脑也是二手的。我恨这个世界……”

此帖涉及的校园分层问题，陆续引来几百人加入讨论。有人说，有富人就会有富学生，有穷人也就会有穷学生。这种由社会分层决定的校园分层，正影响着大学生的人际交往、就业与爱情。

他们相爱了，但冲突慢慢凸显

王强，一米八的个子，为人厚道，对他表示好感的女生不少。可他不敢交女朋友，因为他来自农村，家里没钱，只能靠做家教维持日常开销。

有一次在公交车上，王强遇到了北京女孩阿娟，简单地聊了几句，双方感到很投缘，慢慢两人就走到了一起。阿娟是北京外国语学院西班牙语系的学生，很漂亮。经过一段时间的交往，王强注意到阿娟有一条很典雅的由交叉的“C”字母组成的项链，价值3万多元。后来他了解到，阿娟出身于高干家庭。

刚开始，他们一起在食堂吃饭，在荷塘边散步，王强骑车送阿娟回去，一切都和普通的校园爱情一样。可热恋期一过，两人的矛盾就开始出现了。阿娟嫌弃王强吃面喝汤发出声音，嫌弃他吃西餐不熟练。王强和她在一起，也感到花销越来越大，靠兼职挣钱根本不够。

阿娟喜欢去环境好的高档餐厅吃饭。有一次，他们一顿就吃了200多元，当时王强身上只剩一张透支的信用卡。后来，王强和阿娟一起出去，总是装作忘记了带钱包。

阿娟生日，王强没钱买项链，只好买了99朵玫瑰给她做生日礼物。当时阿娟的脸色很不好看。她发火说，从小周围人都宠着我，找了个男朋友，却是这种穷酸德行。王强肺都气炸了，立马摔花走人。

后来，阿娟给王强打过电话，两人不咸不淡地持续了一段时间，最后还是分手了。

周亮是南开大学的学生，生在北京，父母是某部委领导。大二时，他遇到了同校来自华东某山区的阿婧。他们相爱了，但矛盾慢慢多了。

周亮爱上阿婧，是因为她身上的品质——勤劳、节约和懂事。大学生恋爱约会，总要花钱。周亮有钱，基本负担了所有费用；周亮有车，能随时出去旅行。有一次，他们去吃韩国料理，一顿就花了将近700元。阿婧有些不开心，因为这是她家差不多两个月的收入。她看不惯周亮花钱大手大脚。周亮却嘲讽她是小农意识。

阿婧打扮很纯朴，周亮为了能把她带出来见哥们儿，领她做美发、带她买衣服。可阿婧并不喜欢。有一次，周亮开玩笑说：你怎么穿也穿不出公主味儿，怎么穿都是丫头样儿。当时，阿婧就哭了，但两人又都舍不得说分手。

阿婧每天都给周亮买饭、洗衣服、打扫寝室，大家都觉得周亮找了一个保姆。

有一次，阿婧想办一件事情，凭自己的能力有困难，周亮托关系给她办成了，两人吵了起来。阿婧觉得这是对她的能力的不尊重，而周亮觉得，现在关系最重要，没关系有能力也不行，从小家里就这么教的。这次思想上的分歧，导致两人第一次大吵。

周亮觉得阿婧自尊心太强，两人的生活和消费习惯都不一样。有些东西，周亮用一次就扔掉，阿婧却舍不得，甚至是过期了还没用过。这样的"小家子气"，让周亮觉得不可思议。周亮的朋友和阿婧的朋友也没办法融合在一起。用周亮的话说，他的朋友就是一堆吃喝玩乐的大少爷，而阿婧的朋友都是勤劳节俭的乡村小闺女。

相恋仅一年，生活细节上的差异和价值观的不同，使两人最终分了手。

同学容易同住难

江辉是北京大学外国语学院的学生，家境不错，每月生活费有2000元。他同宿舍的舍友们有一些是来自中西部贫困地区，家庭条件不好。

江辉和舍友关系开始恶化是因为饮水机问题。江辉提出购买，但其他人认为浪费钱。江辉只好每天都买大瓶矿泉水喝。江辉喜欢清洁的生活环境，每天都把衣服送洗衣房，但舍友们的生活习惯不是特别好，比如洗澡不勤、不爱打扫卫生。

江辉觉得经济基础是养成良好习惯的保障。他也尝试过和舍友们进行沟通，但每次讲不了几句话，就开始争执。

江辉一般和来自北京、上海等大城市的同学一起玩，还经常出去打台球、网球。而舍友们基本上没有夜生活。"品位是钱堆出来的，我不怪他们，但我决定下学期换宿舍，待不下去了。"江辉说。

郑娜是北京大学的学生。她来自东部沿海的一个小康家庭，每月有将近2000元的生活费。宿舍里其他3个人来自中西部地区。刘嘉来自江西农村，家里还有一个弟弟，家庭经济状况不好。郑娜和刘嘉虽是好朋友，但由于家庭背景不同，常常会发生一些小摩擦。

郑娜不爱跟刘嘉一起买东西。在超市买东西，郑娜懒得看价签，买东西速度很快。刘嘉经常比较同类产品的价格、质量，速度特别慢。有一次，郑娜等得不耐烦，就冲刘嘉说：快一点，行吗？敏感的刘嘉生气了。"其实，我和她关系一直都很好，我们没有因为经济上的差距而觉得不自在。但有时矛盾的确存在。我看重质量，可她要买便宜的，我就经常劝她，劝着劝着就争执起来了。"郑娜说。

郑娜觉得刘嘉特别敏感。有一次，班里有个女生嘲笑一位男生，说那个男生像农民。刘嘉当时就发火了，据理力争，说农民怎么了？农民也是人。后来，刘嘉再也不搭理那个女生了。

王维是清华大学的学生，来自西部小城市的工薪阶层家庭，父母都是食品加工厂的工人，家庭条件一般。王维的舍友有两个是北京人，家庭很富裕。另一个室友是广东人，家里做生意，自己有车。王维发现舍友的手表，不是“西铁城”就是“卡西欧”，而自己只有一块在地摊上买的20多元的手表。

清华大学附近的五道口地区，好饭馆特别多。开始，他们4人经常一起吃饭。但后来王维发现，如果继续这样下去，他每月400元的生活费一到月中肯定就会花光。再后来，其他3个人要出去吃饭时，他就推说没空，要做作业或者有老乡来。

夏天很热，宿舍允许装空调，4个学生，平均每人要摊1000多元。王维的舍友也想装一台，王维却说，电扇也挺好的。一个室友不屑地说：“没事，我们3个人出钱，就当你是客人。”王维的脸刷地白了，觉得自尊心严重受伤。

不久后，宿舍又要买饮水机，他咬着牙从生活费里挤出100多元。但每个月消耗很多水，水费挺高。一天，一舍友踢足球回来懒得去盥洗室，直接倒矿泉水洗脸。王维觉得太浪费，劝说了几句，舍友就嚷嚷了一句：“我知道你们西部缺水。”王维差点和他打起来。

钱和关系在找工作时格外重要

北京信息科技大学的周通是今年的应届毕业生，虽然学习成绩一般，但他在民航某部门找了一份人人都羡慕的工作，月薪6000元。

周通说，他家是开大公司的，他老爸认识民航系统的直接负责人，拜访几次就搞定了。“有钱，关系网就发达，这点小事不是问题。”

在学校时，周通曾有一辆POLO汽车，被人偷偷砸过。周通经常给他的女朋友买很贵的衣服和香水，但他觉得因为自己的背景，很难遇到真正的爱情。

邢莉出生在一个贫穷的小山村，今年大学毕业。3岁时，她的母亲就去世了。她的父亲常年下地劳作，身上有很多伤病。本来，以她的成绩可以保送研究生，但研究生两年要5万元学费，考虑到家境，她决定出去找工作。学文科的出国难，但周围还是有同学自费出国。一位平时学习很一般的女生，就花了50多万元去了英国一个不错的学校留学，这让她心里有些不服气。

找工作时，邢莉也买不起昂贵的职业装、高跟鞋，没钱做精致的简历。有一次，她穿着廉价的高跟鞋去面试，半路鞋跟断了，面试也黄了。一个学期过去了，她勉强在一个小公司找了份工作。

沈光欣是北京联合大学的应届毕业生，家里开大公司，很有钱。绿色眼影、陶瓷烫发、牛仔短裙、高跟鞋、真皮手包，是她经常的装扮。“大学本来就是父母用钱把我送进来的，现在毕业了，反正找不到工作，他们就花了30多万元给我办了留学。我8月就去加拿大读书，叫什么大学来着？我忘了。反正也是一所破学校，但我这成绩能上哪儿呢？出去混混，等回来好歹也能找个工作。”

由于北京联合大学的学生大部分是北京人，没有宿舍楼，她就租了一套房子，每月2500多元房租。但她还是对生活不怎么满意：“我父母太小气，从小就这样，高中时每个月只给我1500元生活费，过得特艰难。”

沈光欣不是北京户口，很难在北京找到好工作，可她也不想回去给家里的企业干活儿。家里给她找了对象，是当地市领导的儿子，在新西兰留学。“我凭什么把我家的钱给他？我得找个自己喜欢的，穷点也无所谓。”

沈光欣说，她其实很孤独，“我不在乎钱，可别人对我好，不就是为了我的钱吗？”有时候，她觉得穷孩子挺好的，可和她们又玩不到一起。她把自己不要的全新的东西送给同学，可同学们却在背地里说：“她把我们当成垃圾桶了。”

——李健，周凯莉．象牙塔里的穷学生和富学生．中国青年报，2006-08-09（特别报道）．

（1）试分析上述现象产生的社会原因。

（2）我们应该如何正确看待这种现象？

2. 阅读下面的材料，回答相应的问题。

国务院办公厅关于加强普通高等学校毕业生就业工作的通知（节选）

国办发〔2009〕3号

各省、自治区、直辖市人民政府，国务院各部委、各直属机构：

普通高等学校毕业生（以下简称高校毕业生）是我国宝贵的人力资源。当前，受国际金融危机影响，我国就业形势十分严峻，高校毕业生就业压力加大。各地区、各有关部门要把高校毕业生就业摆在当前就业工作的首位，采取切实有效措施，拓宽就业门路，鼓励高校毕业生到城乡基层、中西部地区和中小企业就业，鼓励自主创业，鼓励骨干企业和科研项目单位吸纳和稳定高校毕业生就业。为进一步加强高校毕业生就业工作，经国务院同意，现就有关问题通知如下：

一、鼓励和引导高校毕业生到城乡基层就业。鼓励高校毕业生积极参加社会主义新农村建设、城市社区建设和应征入伍。围绕基层面向群众的社会管理、公共服务、生产服务、生活服务、救助服务等领域，大力开发适合高校毕业生就业的基层社会管理和公共服务岗位，引导高校毕业生到基层就业。对到农村基层和城市社区从事社会管理和公共服务工作的高校毕业生，符合公益性岗位就业条件并在公益性岗位就业的，按照国家现行促进就业政策的规定，给予社会保险补贴和公益性岗位补贴，所需资金从就业专项资金列支；对到农村基层和城市社区其他社会管理和公共服务岗位就业的，给予薪酬或生活补贴，所需资金按现行渠道解决，同时按规定参加有关社会保险。对到中西部地区和艰苦边远地区县以下农村基层单位就业并履行一定服务期限的高校毕业生，以及应征入伍服义务兵役的高校毕业生，按规定实施相应的学费和助学贷款代偿。对具有基层工作经历的高校毕业生，在研究生招录和事业单位选聘时实行优先，在地市级以上党政机关考录公务员时也要进一步扩大招考录用的比例。

继续实施和完善面向基层就业的专门项目，扩大项目范围。相关项目由各有关部门继续加强组织领导，省级人民政府负责做好各类基层就业项目之间的政策衔接。2009年，中央有关部门继续组织实施“选聘高校毕业生到村任职”、“三支一扶”（支教、支农、支医和扶贫）、“大学生志愿服务西部计划”、“农村义务教育阶段学校教师特设岗位计划”等项目，各地也要因地制宜开展地方项目，鼓励和引导更多的高校毕业生报名参加。鼓励高校毕业生在项目结束后留在当地就业，今后相对应的自然减员空岗全部聘用服务期满的高校毕业生。对参加项目的高校毕业生给予生活补贴，所需资金按现行资金渠道解决，同时按规定参加有关社会保险。各专门项目相关待遇政策的衔接办法，由人力资源社会保障部、财政部、教育部、中央组织部、共青团中央等有关部门另行研究制定。

二、鼓励高校毕业生到中小企业和非公有制企业就业。各类中小企业和非公有制企业是高校毕业生就业的主要渠道。要进一步清理影响高校毕业生就业的制度性障碍和限制，为他们提供档案管理、人事代理、社会保险办理和接续、职称评定以及权益保障等方面的服务，形成有利于高校毕业生到企业就业的社会环境。对企业招用非本地户籍的普通高校专科以上毕业生，各地城市应取消落户限制（直辖市按有关规定执行）。企业招用符合条件的高校毕业生，可按规定享受相关就业扶持政策。劳动密集型小企业招用登记失业高校毕业生等城镇登记失业人员达到规定比例的，可按规定享受最高为200万元的小额担保贷款扶持。

三、鼓励骨干企业和科研项目单位积极吸纳和稳定高校毕业生就业。鼓励国有大中型企业特别是创新型企业创造条件，更多地吸纳有技术专长的高校毕业生就业。充分发挥高新技术开发区、经济技术开发区和高科技企业集中吸纳高校毕业生就业的作用，加强人才培养使用和储备。各地在实施支持困难企业稳定员工队伍的工作中，要引导企业不裁员或少裁员，更多地保留高校毕业生技术骨干，对符合条件的困难企业可按规定在2009年内给予6个月以内的社会保险补贴或岗位补贴，由失业保险基金支付；困难企业开展在岗培训的，按规定给予资金补助。承担国家和地方重大科研项目的单位要积极聘用优秀高校毕业生参与研究，其劳务性费用和有关社会保险费补助按规定从项目经费中列支，具体办法由科技、教育、财政等部门研究制定。高校毕业生参与项目研究期间，其户口、档案可存放在项目单位所在地或入学前家庭所在地人才交流中心。聘用期满，根据工作需要可以续聘或到其他岗位就业，就业后工龄与参与项目研究期间的工作时间合并计算，社会保险缴费年限连续计算。

试从社会流动的角度出发，谈谈你对上述材料的看法。

五、参考答案要点

（一）单项选择题

1. B　2. B　3. C　4. D　5. C　6. A　7. D　8. D
9. B　10. C　11. C　12. A　13. C　14. D　15. B　16. A
17. C　18. B　19. D　20. B

（二）多项选择题

1. BD　2. ACE　3. ABCD　4. BDE　5. ABC
6. ABCDE　7. CE　8. ADE　9. ABCDE　10. AB

（三）辨析题

1. 答：正确。生产资料的占有是阶级划分的物质基础。

2. 答：错误。片面，管理阶层的出现使阶级理论受冲击，但不能因此而断言其已过时，阶级分析与阶层分析是社会分层研究的两大传统，各有优劣。

3. 答：错误。题干所指的是等级制度。

4. 答：错误。片面，社会流动指的是社会结构的变化，不同于物理空间上的位移，而现在断言返乡农民工是否发生了结构的变化还为时过早。

（四）简答题

1. 答：（1）水平分化和垂直分化；

（2）基于自然因素的分化和基于社会因素的分化。

2. 答：(1) 阐述基本内容（略）;

(2) 最重要的社会分层理论;

(3) 和马克思的阶级理论互为补充;

(4) 对其他分层理论有深远影响。

3. 答：指个人在职业和地位方面的水平的或垂直的流动。研究的目的是探求人生中的一条流动曲线。

4. 答：(1) 统治精英和非统治精英;

(2) 社会流动不畅和精英循环受阻;

(3) 宣扬最大限度的社会流动。

(五) 论述题

1. 答：(1) 阶级理论的要点在于以生产资料的占有为标准将社会分裂成资产阶级和无产阶级两大对立阶级，从而引出阶级斗争，最终导致社会革命，共产主义取代资本主义;

(2) 从正面看，阶级理论深刻地说明了资本主义社会的固有矛盾，看似简单的二分法蕴含着唯物史观的基本原理，论证了社会主义运动的合理性，具有理论和现实的双重意义，在历史上产生了巨大的影响;

(3) 从反面看，阶级理论并不是一个纯粹的"社会学"理论，其本身带有价值判断，又执着于两大阶级的对立，掩盖了阶级内部的很多分歧，随着资本主义的发展，新出现的管理阶层又对其产生冲击，因而在具体的社会学研究中，更多的使用阶层的分析方法;

(4) 作为社会学分层研究的两大传统，阶级分析和阶层分析各有优劣，应该将两者结合起来。

2. 答：(1) 社会流动指个人或群体由社会的某一阶层到另一阶层的流动，其核心是社会资源的再分配，表现为社会结构的变化;

(2) 合理的社会流动可以缓解因社会分层带来的社会不平等、结构僵化等消极影响，有利于社会运行和社会稳定;

(3) 社会流动同样存在负功能，过于封闭或过于开放的社会流动对社会而言都是有危害的，应把握好相关尺度。

3. 答：(1) 户籍制度是以户口登记为基础，对人口进行管理的制度;

(2) 户籍制度是我国计划经济体制的产物，在很长一段时间内对我国社会的稳定和发展发挥了重要的作用;

(3) 但随着经济的发展、体制的转变，户籍制度日益暴露出其严重的弊端，阻碍了社会资源的有效配置，阻碍了个人和群体的合理流动，扩大了城市和农村之间的差距;

(4) 因此，我们必须对户籍制度进行改革，使之适应我国现阶段的基本国情；

(5) 户籍制度的改革是一个系统工程，应逐步推进，不能操之过急。

(六) 材料分析题

1. 答：本题描述了一个由校园分层引出的综合性社会问题，涉及社会学多方面内容，可以从不同角度展开论述：

(1) 校园分层的社会原因是较为复杂的，可以从社会化、初级社会群体、社会互动、社会问题等方面加以分析，注意矛盾的普遍性与特殊性；

(2) 如何看待校园分层这种社会现象，应从正反两方面来看，既要看到校园分层是社会分层的特殊表现，有合理性的一面，又要看到材料中描述的校园分层的一些新特点，在大的社会背景下蕴含着的社会张力。分析时宜理论结合实际，联系自己的实际生活。

2. 答：这是最新的国务院指导大学生就业的一份相关文件，可以从多个社会学研究角度进行解读，这里侧重社会流动，下面提供一些参考思路：

(1) 材料的社会学意义在于体现了政府的社会控制，这种社会控制是针对大学生就业的，实质是对特殊群体社会流动的人为指导和干预；

(2) 体现了社会流动的重要意义，有利于社会稳定；

(3) 从政府的角度看，做正反两方面分析；

(4) 从大学生群体的角度看，做正反两方面分析；

(5) 从社会的角度看，做正反两方面分析；

(6) 具体的社会背景：全球经济危机。

第七章　社区

一、学习目的和要求

了解社区概念的来源和演变；掌握社区的基本特征和构成；了解芝加哥学派及其主要理论；通过对比，熟悉农村社区和城市社区的含义和基本特征，明确二元结构在城乡关系中的重要作用；掌握城市化的基本概念，了解城市化的动力和进程，对比发达国家和发展中国家城市化的不同情况，了解我国城市化的基本情况及其相应策略。

二、内容提要

本章主要研究社会学中的社区问题，共分三个部分：第一，社区概述。首先对社区这一概念的来源和演变进行了大致梳理，从中我们可以整理出理解社区概念的两大传统：滕尼斯的“公社”（gemeinschaft）和芝加哥学派的“社区”（community），这两大传统后来演变成社区概念的两大特征即共同体特征和地域特征，这也是我们理解社区概念的关键。在此基础上，介绍了社区的构成和基本类型，并对中外社区研究的基本情况进行了简单考察。第二，考察了社会学中最典型的两类社区：农村社区和城市社区。通过对比，揭示这两类社区的基本含义和特征，并将城乡关系作为研究的最终目的，指出城乡二元结构的存在，是城乡差别乃至城乡对立的根本原因。第三，城市化。首先对城市化的概念和发展动力进行了说明，其次比较了发达国家和发展中国家不同的城市化发展现状，最后结合中国的具体国情，考察了中国城市化发展的大体情况，并对我国城市化发展战略有所说明。总的来看，社区问题在社会学学科体系中的位置是十分重要的，它是社会静力学中研究社会形成问题的最后环节和理论归宿，个体——→群体——→社区的逻辑演进，为我们清晰地勾勒出一幅人类社会建构的生动场景，并为后面要介绍的社会发展和社会动力学相关问题打下坚实的基础。

三、重点、难点问题解析

（一）社区与社会之比较

社区和社会是社会学中的两个重要概念，两者既有联系又有区别：一方面，社区和社会有相似之处，都是由体现一定社会关系的人群所组成的共同体，都是人类生活的群体形式，因此，有人说，社区就是“小社会”；但另一方面，两者又有很大的差异：社区强调了共同体和地域两个特点，换句话说，社区所体现出的社会关系主要是一种类似初级社会群体成员关系的亲密人际关系，并且这种社会关系具有地域性，这无疑比一般社会所体现的社会关系要具体和狭窄得多，因此两者是有类似之处的不同概念。

（二）芝加哥学派和社区研究

芝加哥学派在社会学史上是一个比较有特点的学派，它在社会学理论上并无太大建树，却在实践方面独辟蹊径，主要体现在两个方面：其一，开大规模进行社会学实证研究之先河；其二，其实证研究主要是城市社区研究，并取得了很大成果，因此，社区研究便成为了芝加哥学派的核心内容。在该问题上，形成了独特的研究方法——人文区位学，诞生了以帕克为代表的一系列社会学家，为社会学的发展作出了巨大贡献。

（三）城乡关系与城乡二元结构

城乡二元结构源于著名发展经济学家刘易斯的“二元经济”理论，指的是在发展中国家内，城市和农村在经济、政治、社会等各方面存在重大差别的现象。就我国而言，城乡二元结构与现阶段的城乡差别有重要的联系：一方面，二元结构反映了原有的计划经济体制对城乡关系造成的负面影响，是两者在各方面存在差别的高度概括；另一方面，二元结构又在很大程度上加深了城乡差别甚至对立，使之陷入恶性循环。因此，从这个意义上讲，缓解城乡差别的关键在于消除现有的城乡二元结构。

四、练习题

（一）单项选择题（从给出的4个备选答案中选出1个正确答案并将其填入题干后的括号里）

1. 社区的概念最早由下列哪位社会学家提出？（　　）

   A. 韦伯

   B. 滕尼斯

C. 马克思

D. 迪尔凯姆

2. 在《公社与社会》一书中，把由契约关系和理性意志形成的社会组合方式称为（　　）。

A. 组织

B. 公社

C. 社会

D. 社区

3. 最早来华传播社区概念的美国社会学家是（　　）。

A. 萨姆纳

B. 帕森斯

C. 米德

D. 帕克

4. 社会学中最典型的社区类型是（　　）。

A. 农村社区和城市社区

B. 大社区和小社区

C. 经济型社区和文化型社区

D. 自然社区和法定社区

5. 下列社区类型中与其他三个不同的一项是（　　）。

A. 学术社区

B. 街道社区

C. 宗教社区

D. 工人社区

6. 由芝加哥学派开创的社区研究理论是（　　）。

A. 文化人类学

B. 人文区位学

C. 社会系统理论

D. 理解社会学

7. 我国最早发起社区研究的社会学家是（　　）。

A. 费孝通

B. 晏阳初

C. 吴文藻

D. 孙本文

8. 农村社区的生存基础主要是（　　）。
   A. 采集
   B. 渔猎
   C. 畜牧
   D. 耕种
9. 下列不属于农村社区形成方式的一项是（　　）。
   A. 自然起源
   B. 社会组合
   C. 农村建设
   D. 商业发展
10. 下列关于农村社区的描述中，错误的一项是（　　）。
   A. 农村社区的同质性较高
   B. 当前中国农村的变迁主要受政治因素影响
   C. 传统的农村社区基本上是在无为政治基础上的长老统治
   D. 传统农村的职业分化很低
11. 农村社区中占支配地位的社会关系主要是（　　）。
   A. 地缘关系
   B. 血缘关系
   C. 业缘关系
   D. 趣缘关系
12. 下列选项中，不属于我国城乡差别形成原因的是（　　）。
   A. 差序格局
   B. “剪刀差”
   C. 户籍制度
   D. 城乡分工
13. 下列选项中，不属于城市主要的区位结构的是（　　）。
   A. 扇形结构
   B. 矩形结构
   C. 同心圆结构
   D. 多核心结构
14. 关于城市社区，下列说法中正确的是（　　）。
   A. 我国封建社会的城市类似同时代西欧的城市
   B. 城市居民人际交往中带有较多的感情色彩

C. 城市居民的异质性较高

D. 我国的“社区建设”和西方的“社区建设”关注的是同样的问题

15. 城乡二元结构理论来源于著名发展经济学家（　　）的“二元经济”理论。

A. 多斯桑托斯

B. 阿明

C. 刘易斯

D. 卡多佐

16. 衡量城市化发展水平的主要指标是（　　）。

A. 城市人口占总人口的比重

B. 农村人口占总人口的比重

C. GDP

D. CPI

17. 城市化最直接、最有效的动力是（　　）。

A. 现代化

B. 城乡差别

C. 科学文化的发展

D. 工业化

18. 在发展中国家里，城市化水平最高的地区是（　　）。

A. 东亚

B. 南亚

C. 拉丁美洲

D. 南非

19. 下列关于户籍制度的说法，错误的是（　　）。

A. 户籍制度是计划经济体制的重要组成部分

B. 户籍制度主要是一种经济制度

C. 户籍制度使城乡二元结构进一步恶化

D. 现阶段，户籍制度已不适应我国城乡发展，理应对其进行改革

20. 下列关于我国城市化的说法，正确的是（　　）。

A. 在封建社会，我国的城市主要承担经济和军事功能

B. 新中国成立后，我国的城市化一直稳步发展

C. 户籍制对我国的城市化产生了很大的消极影响

D. 我国城市化的目标就是要尽量减少农民的数量

（二）多项选择题（从给出的5个备选答案中选出2～5个正确答案并将其填入题干后的括号里）

1. 社区的两大特征分别是（　　）。
   A. 异质性
   B. 共同体
   C. 分化
   D. 多元性
   E. 地域
2. 社区的构成要素主要包括（　　）。
   A. 以一定的社会关系为基础组织起来的人群
   B. 一定的地域界线
   C. 共同的社会生活
   D. 社区文化
   E. 居民对社区的归属感和认同感
3. 西南财经大学柳林校区属于下列哪种社区？（　　）
   A. 微型社区
   B. 经济型社区
   C. 文化型社区
   D. 法定社区
   E. 自然社区
4. 下列中国社会学家中，以研究社区问题闻名的有（　　）。
   A. 吴文藻
   B. 晏阳初
   C. 陶行知
   D. 费孝通
   E. 孙本文
5. 社区研究的基本角度包括（　　）。
   A. 结构性访谈的研究角度
   B. 人文区位学的研究角度
   C. 文化人类学的研究角度
   D. 社会系统理论的研究角度
   E. 非参与式观察的研究角度
6. 下列关于城乡关系的描述，正确的有（　　）。
   A. 从历史发展的角度看，城乡关系经历了从对立走向差异再走向融

合的过程

B. 城乡差别主要是由倾向城市的政策造成的

C. 城市是在农业和农村发展的基础上产生和发展起来的

D. 城乡对立是人类社会发展史上的一种异化状态

E. 城乡差别与城乡对立之不同主要在于形成机制不同

7. 城市化的动力主要体现在（　　）。

A. 城乡融合

B. 工业化

C. 社会管理机构的膨胀和科学文化事业的发展

D. 城乡差别

E. 城市的中心作用

8. 在发达国家，城市化的新特点体现在（　　）。

A. 郊区化

B. 卫星城

C. 市中心化

D. 逆城市化

E. 城市化发展不平衡

9. 发展中国家城市化的主要特点是（　　）。

A. 出现“二元城市”现象

B. 城市化水平明显提高

C. 中小城镇发展迅速

D. 大城市迅速增加

E. 城市化发展不平衡

10. 下列关于我国城市化战略的说法，正确的有（　　）。

A. 积极发展大城市是我国城市化战略一贯的方针

B. 农村城市化是我国城市化发展的重点

C. 从城市化的长远发展看，应该大力发展中小城镇

D. 解决城市化问题，应对户籍制度进行全面改革

E. 费孝通提出了以发展乡镇企业为依托，积极发展小城镇的主张

（三）辨析题（判断正确或错误并简单地说明理由）

1. 滕尼斯的“公社”概念主要强调社区的地域特征。

2. 社区就是“小社会”。

3. 城市社区并不是真正意义上的“社区”。

4. 城市化就是工业化。

（四）简答题

1. 什么是“人文区位学”？
2. 什么是“差序格局”？
3. 什么是“推拉理论”？
4. 简述我国城市化发展战略。

（五）论述题

1. 比较农村社区和城市社区的主要特点。
2. 简析城市社区建设在中国和西方的不同含义。
3. 试分析发展中小城镇对我国城市化发展的意义。

（六）材料分析题

1. 阅读下列材料，回答相关的问题。

城乡统筹之“成都实践”

一年前的6月，国务院正式批准成都、重庆设立“全国统筹城乡综合配套改革试验区”。这项战略部署要求两地“全面推进各个领域的体制改革，并在重点领域和关键环节率先突破，大胆创新，尽快形成统筹城乡发展的体制机制，促进城乡经济社会协调发展，为推动全国深化改革，实现科学发展与和谐发展，发挥示范和带动作用”。

对成都而言，不能不说是重担在肩、众望所系。从2003年起就试图从户籍制度、社会保障两个“改点”上去打破城乡二元体制的成都市，五年来一直围绕“统筹”这两个字向着农村改革的纵深区突进，成为新一轮农村改革的“急先锋”。

“三个集中”促进“三化”联动

“工业向园区集中，农民向城镇集中，土地向规模经营集中”，源于四川省委提出的“三大产业互动，城乡经济相融”的构想。这“三个集中”是成都统筹城乡发展规划编制的基本原则和统筹推进的基本方法，其目标在于通过联动推进新型工业化、新型城镇化和农业现代化构成的“三化”，创造和谐交融的新型城乡形态，同时也有效地促进了资源节约、环境友好。

远郊区邛崃市羊安镇是推进“三个集中”的缩影。三年来，羊安镇将新引进的40个工业项目集中到工业集中区，创造了3万多个就业岗位。镇党委书记王谚对本刊记者说，工业集中增加了岗位，农业规模经营提供了富余劳动力，农民向城镇集中则为工业园区和规模经营提供了基础。

羊安镇仁和社区已入住236户农民。社区设有篮球场和健身路径，还有图书馆和免费网吧。周末，20多台电脑前坐得满满当当，都是农家孩子。社区党支书雍长清说：“农民集中居住，就是一起向城市生活过渡。”

与“三个集中”相衔接和补充的是“三大工程”，即农业产业化经营工程、农村发展环境建设工程、农村扶贫开发工程。从近郊到远郊，直到最偏远的角落，“三个集中”和“三大工程”使众多农民的命运发生了转折。

大兰村是龙泉驿区最偏远的山村。2005 年水果丰收运不出来，200 多名干部用手推车拉了 3 天，农民还没挣上钱；2006 年大旱，政府给群众送生活用水就花了 400 多万元，人称大兰村为“大难村”。去年 7 月，大兰村与相距 30 多千米的城郊村龙华村合并，1654 位村民陆续搬进了新建的公寓楼。

“这次搬家真正让我有种翻身做主人的感觉。”45 岁的张代萍说，山上生活苦得让人恼火，砍柴时手经常被划得稀烂，一天忙到黑肩膀酸痛得不敢摸。儿子为了离开山里，前年出去当“上门女婿”去了。如今，张代萍与丈夫均办了养老保险，新居面积 120 平方米，价值几十万元，村集体还分给她家 30 平方米铺面，每年出租收益 5100 元。她将山上的 12 亩承包地流转给一家企业种草养牛，每年流转收入 6000 元。每月她与丈夫打工约收入 1200 元。刚刚高职毕业的女儿也在社区幼儿园找到了工作。

针对这些实践案例，四川省委主管官员向《瞭望》新闻周刊介绍了“三个集中”促进“三化”联动的具体思路：

一是推进工业集中发展，促进资源集约节约利用和保护环境，提升新型工业化水平，进一步增强工业引擎。将原规模小、布局散的 116 个工业开发区，通过规划调控和政策引导，归并为 21 个主导产业突出的工业集中发展区，目前入驻企业 1470 户，工业集中度达 65%。

二是引导农民向城镇转移和集中居住，促进农民生产生活和居住方式转变。按照“宜聚则聚、宜散则散”的原则，因地制宜地建设农民新居工程，五年来新建城乡新型社区 602 个，38 万多农民入住，全市城镇化率提高到 63%。今年 4 月成都市出台的《促进进城务工农村劳动者向城镇居民转变的意见》，曾引起广泛的议论。它首度将“成都籍农民工”纳入了经济适用房与限价房的申购人群。4 月 24 日，成都市住房委员会办公室正式公布《成都市房产管理局关于进城务工农村劳动者申购经济适用住房的有关具体问题的通知》，其中涉及进城务工人员申购经济适用房的资格条件、审核资料、房源保证及档案管理等细节。执行细则的出台，意味着成都城市住房保障体系对非城镇户口正式“开放”。

受访专家认为，将农民工纳入经济适用房的保障范畴，不仅突破了住房保障的户籍限制，更让农民工在“进城”迁徙的过程中能够无差别地享受住房政策，这对促进城乡生产要素的合理流动、打破城乡二元结构无疑具有标本意义。

从2003年开始，成都市针对被城乡二元体制“伤害较深”的农民工群体，特别推出了与城镇居民无差别的“农民工综合社会保险”；针对征地“农转非”劳动人口，推出了“失地农民社会保险”；对尚有耕地的农民推出了“新型农民养老保险”。将户籍限制的突破，与落实社会保障的衔接、充分就业及住房保障等，在改革措施中捆绑设计、统筹考虑。

三是稳步推进土地适度集中规模经营，加快现代农业发展。推进土地向农业龙头企业、农村集体经济组织、农民专业合作经济组织和种植大户集中。目前全市43%的耕地面积实现了规模经营，培育规模以上龙头企业615家、农民专业合作经济组织1911个，带动农户面达65%。

乡村“资本潮”涌现

在近五年城乡一体化发展的基础上，成都市今年初以“确权赋能”为着力点，改革农村土地产权制度，使农村基本经营制度得以完善，生产力进一步解放，耕地得到保护，为新一轮农村改革找到了“一条很好的出路”。

“确权赋能”，就是将宪法规定的农村各种产权通过权证的形式确定到户，使之成为农民法定的资产，并赋予可流转的、市场化的资本禀赋。这一举措着眼于建立健全归属清晰、权责明确、保护严格、流转顺畅的现代农村产权制度，不仅落实了土地承包权登记制度，而且为多种形式的适度规模经营培育了市场环境。

“确权颁证到农户，盘活资产快致富”，在双流县兴隆镇，类似的标语格外醒目。瓦窑村农民胡易明向记者展示了“四证”：土地承包经营权证、集体建设用地使用权证（即宅基地使用权证）、房屋所有权证、集体林地使用权证。他说：“我们农民最大的财产，一是土地，二是房屋，这‘四证’才是真正的‘定心丸’。”

与“四证”同时发给农民的还有“两卡”，即耕地保护卡和养老保险卡。成都市和下属区、县、市两级财政每年拿出26亿元设立耕地保护基金，耕地保护补贴标准为基本农田每年每亩400元，一般耕地每年每亩300元，扣除10%的土地流转担保金和农业保险，打到农民“耕保卡”上的数额分别是360元和300元。根据本人意愿，也可选择将耕保补贴转到养老保险卡，抵扣保险费。

农民可查询“耕保卡”上的金额，但不能领取。成都市规定农民男到60岁、女到55岁，经耕地保护协会确认自己的承包地没有遭受破坏，方可一次性领取耕保补贴，否则将予以扣除。目前，各村均成立了耕地保护协会，小组成立了分会，专门设有耕地保护义务监督员。

今年4月18日，瓦窑村59岁的农民冯正昌领到了“两卡”。他家5口人，共有5.5亩承包地，去年“耕保卡”里有2450元，抵扣4个人每人480元的保险年费后，目前“耕保卡”还结余530元。他说：“这个办法好。耕地年年要保护，如果你破坏了（耕地），或者租你地的人破坏了（耕地），你就得不到耕保金。”

截至目前，成都市206个乡镇参加了农村产权制度改革试点，共涉及农户58万多户，已有60%完成入户摸底调查，45%完成土地测绘，27%完成确权方案公示，11%完成确权颁证。按目前进度，估计两年内全市可完成确权颁证工作。在确权到户、耕地保护的前提下，成都市尝试推动农村产权流转，促进农村资源向资本转变。目前，实现了土地承包经营权、集体建设用地使用权、房屋所有权、集体林地使用权等“四权”流转。截至8月底，全市在确权颁证后实现产权流转10 917宗，金额1.3亿多元。

“两大保障”加速民主法治进程

规范化服务型政府建设和基层民主政治建设，被成都市委、市政府视为统筹城乡发展的“两大保障”。

从2004年起，着眼于促进公共管理和公共服务向农村覆盖，成都市就开始对城乡分设机构大动手术：撤销市农牧局、农机局，成立市农业委员会，区（市）县成立城乡一体化工作局或农村发展局；成立市水务局，对全市城乡水资源实施统一调度和管理；撤销市交通局、市政公用局，成立市交通委员会。通过机构改革整合，初步形成了统筹城乡发展的管理体制。

五年来，促进城乡公共服务均等化，始终是成都市统筹城乡的重点。比如，通过多次改革，逐步建立起城乡一元化户籍制度，消除了农民向城镇转移的“门户”限制，促进城乡充分就业，2007年城镇登记失业率下降到2.7%。1991年至2003年累计多达48万失地农民的就业、居住和社保问题逐一被解决。

涉及“三农”的任何一项改革，不充分尊重农民意愿就会寸步难行。近年来，成都市创新党领导下充满活力的群众自治机制，让农民在参与经济发展和民主管理中增强自主意识，发挥主体作用，逐步改“代民作主”为“农民自主”。

中国人民大学博导叶裕民教授多年跟踪调研成都的改革。她告诉本刊记者，“三个集中”、“三项工程”以及公共服务型政府的建设，既契合科学发展观的要求，又体现出“两型”、公平、法治等建设和谐社会的“应有之义”。这些经验不仅适应于大城市带大郊区的区域，在很大程度上也适应于地级以上大部分城市。

面对《瞭望》新闻周刊的采访，四川省委常委、成都市委书记李春城这样描述对统筹城乡发展的认识和前景："统筹城乡发展，推进城乡一体化，是我们党历经几十年探索，走上的一条符合规律的城乡发展道路。它对于形成科学发展的体制机制、有效落实扩大内需的方针和促进社会和谐具有全面带动作用。当前和今后一个时期，它的核心着力点要放在解决'三农'问题上，但它实际上还是城乡同发展、共繁荣之路。它的最终目标，就是构建城市是现代化的城市、农村是现代化的农村，现代城市与现代农村和谐相融、历史文化与现代文明交相辉映的新型城乡形态。"

——张先国，郭奔胜，王立武，葛如江. 城乡统筹之"成都实践". 瞭望，2008（10）.

问题：从城乡关系的角度，试评价"成都实践"。

2. 阅读下列材料，回答相关的问题。

在干旱中反思中国城市化

2009年初的北方大旱，已经成为年度公众关注的第一个全局性事件，干旱的严重性使人们再次感受到了人类在自然灾变面前的乏力，从而引发了人们对发展模式的思索。

我们很难想象，如果大旱影响到的不是乡村而是城市，将会是多么令人震撼的事情。但大旱只是影响到乡村的耕种和生活，城市一切如常，甚至流水潺潺的景观也不受影响地在运转。用于保证农业用水的水库，其功能也变成了保证城市用水。城市集中了人口，也集中了经济力量、话语能力和社会关系，这为城市赢得了"确保"的资格和条件。在吃下城市生活将不会受影响的"定心丸"以后，大旱和抗旱因为有些像是"远方"的事件而多少有了一些戏剧化效果。

这种效果，显示了工业文明、城市文明对农业文明、乡村文明的胜利。诚然，社会的发展很难让人们都去当田园牧歌的捍卫者，城市化、工业化作为经济模式，必然会取代乡村和农业而成为人类经济活动的基本场域；但所有这些都不意味着城市化可以通过吞噬乡村的方式来实现。鉴于资源的有限性，城市以较少的资源使用，以集约、稳定而大量的产出，与乡村实现公道基础上的交换，这大概是理想的城市化道路。尽管再理想的城市化都会让人在情感上产生复杂的感受，既陶醉于城市的夜色，又叹惜于牧歌的消失，但是以交换的方式，哪怕交换是不十分公平的交换，也比以吞噬的方式实现城市化人道得多。

我们已经看到，随着工业和贸易的兴盛，世界近代化过程中产生了包括"羊吃人"和殖民扩张在内的痛苦，城市化的输血管道上倒伏着大量的受难者。作为现代化的后发者，中国的城市化运动应当探索尽可能减少痛苦的方式，“城乡一体化发展”、“科学发展”、“统筹发展”、“新型工业化、城市化”等表述中，隐含着对“美好城市化”的期待。

但是，现实中我们往往看到另外的景象。有舆论认为，城市的恶性膨胀是农业受旱的主因。这还未能道及城市恶性膨胀是何种性质的恶性膨胀，是源于何种力量的恶性膨胀。显然，中国城市并不像世界上其他发展中国家的城市那样，单纯是人口大量集聚产生了贫民窟，那样的恶性膨胀并不足以形成水资源调拨使用的巨大不公平。

中国的城市化过程，表现为权力主导下的造城运动，很容易变成城市对乡村的调拨和征用，有时这种调拨和征用甚至发生在一个城市与另一个城市之间。一个地方首先成为权力的中心，或者权力意图的所在，然后成为经济中心、文化中心、交通中心等不仅水到渠成，而且似乎顺理成章。与之相应，城市从土地、水、矿产到资金、劳动和包括户籍区隔在内的社会关系，无孔不入地收复了乡村。城市甚至生产了一种自我满足的情感方式，使得注意力和同情心都尽量不溢出到乡村地带。

由此，城市成为了一种权力体制，成为一种政治构筑，哪一级权力的驻在地，就是哪一级的征收者。当权力从一个地方换成驻在另一个地方时，各种中心也会毫不费力地转移，商埠已经失去了传统意义。权力在哪里驻扎，哪里就成了繁华之地，近畿和边鄙也依权力的等级而定义。可以说，中国的任何一座城市几乎都成为了“政治城市”，权力驻在及权力的兴奋点决定了它们各方面的规模、形制和等级。这似乎是一种“人定胜天”，实质上却斫丧了城市和乡村的活力。但城市和乡村的不同点在于，城市生长活力的斫丧得到了征用乡村的补偿，而乡村则是彻底的丧失。

恢复城市作为市的属性，变权力主导的城市化为市场主导的城市化，并且使权力成为城乡交换公平的保证，而不是征用乡村以供养城市、征用各方以供养某一城市的制度，才可能有“新型工业化、城市化”，否则中国的城市化不仅难言新型，可能还将蕴含特殊的社会风险。

——刘洪波. 在干旱中反思中国城市化. 南方周末，2009-02-18(专栏).

问题：从城乡社区、城市化的角度分析这篇文章的观点。

五、参考答案要点

（一）单项选择题

1. B　2. C　3. D　4. A　5. B　6. B　7. C　8. D

9. D　10. B　11. B　12. A　13. B　14. C　15. C　16. A
17. D　18. C　19. B　20. C

（二）多项选择题

1. BE　2. ABCDE　3. ACD　4. ABCD　5. BCD
6. ABCDE　7. BCDE　8. AD　9. ABDE　10. BCDE

（三）辨析题

1. 答：错误。强调的是共同体特征。

2. 答：错误。片面，社区和社会既有联系，又有区别。社区强调的是共同体和地域特征。

3. 答：正确。城市的共同体特征并不明显，社会学主要是把城市当成不同于农村的社会体系。

4. 答：错误。片面，城市化和工业化有紧密的联系，都是现代化在不同方面的体现。

（四）简答题

1. 答：由芝加哥学派创造，是借助生物学的生态理论来研究社区环境的空间格局及其相互依赖关系的理论。

2. 答：由费孝通提出，说明了在农村社区中，基于血缘关系之亲疏而形成的人们在经济和社会生活方面关系有差别的现象。

3. 答：即农村产生剩余劳动力并希望往外转移，城市因工业发展而吸纳农村剩余劳动力，从而推动城市化发展的理论。

4. 答：控制大城市规模，合理发展中等城市，积极发展小城市。

（五）论述题

1. 答：(1) 农村社区和城市社区是社会学中研究社区的两大典型代表。

(2) 农村社区的概念、主要特点；

(3) 城市社区的概念、主要特点；

(4) 农村社区和城市社区并不是对立的关系，应协调发展城乡关系。

2. 答：(1) 社区建设是指政府、社会机构和社区居民强化社区要素、发展社区组织、增强社区活力、提高社区居民生活的过程；

(2) 西方的社区建设强调回归社区的共同体生活；

(3) 我国提出城市社区建设是与经济体制改革和城市管理体制改革相联系的；

(4) 两者各有侧重，内涵不同。

3. 答：(1) 积极发展小城市是我国城市发展方针的重要内容；

(2) 城市发展并不仅仅是城市的问题，关键在于农村城市化；

（3）农村经济体制改革以来，乡镇企业带动了小村镇的发展，进而带动了农村的发展，社会学家费孝通对此有专门的论述；

（4）小城镇的发展，对于改革现有的户籍管理制度有重要意义；

（5）应理性看待小城镇的发展，解决我国城市化问题是一个系统工程，小城镇的发展是其一方面。

（六）材料分析题

1. 答：2007 年 6 月，国务院正式批准重庆市和成都市设立全国统筹城乡综合配套改革试验区，这对于推进西部大开发、促进区域协调发展有着重大的理论和现实意义。本文是一篇分析成都统筹城乡相关经验的文章，提出了“成都模式”的主张，包括“三个集中”、“三大工程”、“确权赋能”、“两大保障”等诸多内容。对此，我们应从社区问题中的城乡关系角度出发对其进行分析，具体思路可从城乡关系由对立走向融合、城乡协调发展、户籍制度等方面展开论述。

2. 答：材料从 2009 年年初的旱灾出发，讨论了城乡关系和城市化问题，认为城乡对立和城市功能的畸形发展蕴含着城市化甚至社会性的危机。从社会学的角度出发，有几个思路可供参考：

（1）城市的真实含义：“城”和“市”分别象征城市的政治功能和经济功能，而现在的中国城市片面强调前者，强调权利；

（2）城乡关系：城市和农村的关系应由原来的对立逐渐走向融合，尽管过程是艰难的；

（3）现代化：在现代化的大背景下平衡城市和农村之间的关系；

（4）理论和现实的冲突：“美好城市化”和城乡对立之间的差距。

第八章 社会问题、社会控制与社会制度

一、学习目的和要求

通过本章的学习，让学生掌握社会问题、社会控制与社会制度的基本概念、特征与类型等理论。了解人口问题、劳动就业问题、贫困问题的一般理论；了解社会控制的几种主要方式，熟悉几种主要的社会控制类型，理解关于越轨行为的几种理论；认识社会制度体系所具有的层级特征，理解社会制度的构成要素与具体功能，要求学生在理解现实社会制度的基础上，逐步认识制度化的机制以及制度建设，认识制度变迁与制度生命周期、制度化与制度变迁的区别与联系，了解我国体制改革的内容与特点。

二、内容提要

社会问题、社会控制与社会制度是社会学研究不可缺少的内容，它们既相区别又密不可分。

社会问题是指由于人与环境的关系失调或社会关系失调，影响了大多数社会成员的正常生活和社会发展，需要运用社会群体的力量加以解决的问题。社会问题具有客观性、破坏性、普遍性、复杂性和时空特征。社会控制就是运用社会力量对人们的行为实行制约和限制，使之与既定的社会规范保持一致的社会过程。社会控制根据不同的分类方式分为不同的类型，主要有正式控制和非正式控制、外在控制和内在控制、积极控制和消极控制。社会控制有正功能，即维持社会秩序、维持正常生活、促进社会发展的功能；也有负功能，即不合理的、僵硬的社会控制会阻碍社会的发展。社会制度是人们在共同的社会生活中形成的、指导人们的社会活动的稳定的规范体系，包括价值系统、规则系统、组织系统、设施系统。社会制度具有普遍性、特殊性和相对稳定性。社会制度既有本原的社会制度与派生的社会制度之分，又有正式制度与非正式制度之分。社会制度的功能也有

正功能与负功能、显功能与潜功能之分。

当前我国社会处于转型期，社会问题大量涌现，尤其需要发挥社会控制、社会制度的积极功能。我国的体制改革是一场综合性的改革，涉及制度领域若干方面。

三、重点、难点问题解析

（一）什么是社会问题

所有社会上的问题都是社会问题吗？答案显然是否定的，并不是所有的社会上存在的问题都是社会问题。什么是社会问题？如何来界定哪种问题才是社会问题呢？美国社会学家米尔斯认为社会问题不是个人问题，而是公共问题，这种公共问题包含着社会制度、社会结构方面的危机。我国学者陆学艺认为，凡是影响社会进步和发展的，妨碍大多数社会成员正常生活的公共问题就是社会问题。王思斌认为，社会问题是社会中发生的被多数人认为是不合需要的或不能容忍的事件或情况，需要用社会群体的力量加以解决的问题。

一般来说，社会问题包括如下四个方面的含义：

（1）从社会问题的产生原因来看，社会问题的产生是由于社会的原因比如社会制度变迁、社会结构性因素造成的，而不是某个人的原因。它是一种客观存在的社会现象。

（2）从社会问题的影响来看，社会问题是违背一定时期的社会规范或有碍社会发展的，并对社会成员的正常生活产生了一定的不利影响。

（3）从社会问题的认定来看，社会问题是被社会成员意识到的问题。社会生活中的某些现象或问题虽然也具有社会性，也会对多数社会成员造成有害的影响，但在它们尚未被人们清楚认识，就还不是当时社会的社会问题。

（4）从如何解决社会问题的角度看，社会问题的解决是要依靠大多数社会成员的共同努力才能够做到的。社会问题产生的原因是复杂的，解决社会问题的办法也是多层次的，需要社会中多数人共同施加影响，需要动用社会整体的力量来加以解决。

（二）社会控制的功能

一定的社会控制是一个社会必需的，有助于维持社会的正常秩序。社会控制既有促进社会发展的积极功能，也有阻碍社会发展的功能。

（1）社会控制的正功能：第一，社会控制有维持社会秩序的功能。社会秩序是社会各部分在结构上相对稳定和有序，在运行中相互协调与平衡的状态。秩序是社会存在和发展的基本前提，社会控制则能在一定程度上抑制对社会秩序的冲击，保持社会安定。第二，社会控制能够维持正常生活。当某些社会成员为了达到自己的目的而违反既定规定时，公共利益的代表就要动用社会控制手段对破坏秩序者予以约束乃至制裁，维持社会成员的正常生活。第三，社会控制能促进社会发展。一定的社会控制不但会使社会有秩序，也会促进社会的顺利发展。

（2）社会控制的反功能：不合理的社会控制不能维护多数人的利益。在阶级社会，统治阶级依赖强有力的社会控制来维护自己的利益，甚至会限制人们的自由，压制人民的利益诉求。僵硬而有力的社会控制不利于人们对合理目标的追求。任何社会规范都是在一定条件下建立的，不具有普适性。随着社会的变化，有些过时的社会规范就会阻碍社会的发展。

（三）我国当前出现的越轨行为及社会控制

当前我国社会处于转型期，社会体制、社会结构都在发生极大的变迁。在这一过程中，原有的许多规范制度变得不再适用，新的规范还没有确立起来，社会主导价值变得模糊，使得越轨行为大量出现。当前我国社会越轨行为的一些突出问题：第一，集体性越轨。集体性越轨行为包括集体的有组织的行动，也包括集体行为。第二，有权者越轨。有权者依靠自己手中的权力以强凌弱，不公正地运用权力，甚至执法犯法。对越轨行为的控制要注意以下问题：第一，周密地推进改革，减少社会解组现象，减轻对弱势群体的伤害。第二，建立社会预警机制，以防患于未然。第三，重建社会道德体系，重建与社会发展相应的新的道德体系。第四，加强法制建设。

（四）社会制度与社会规范的关系

在共同点上，社会制度与社会规范都是形成于社会、作用于社会并且具有相对稳定性的一套行为模式，二者的作用都在于调节人或人群之间的关系。但二者也有细微的区别：其一，一般来说，社会规范总是对社会生活中的个人而言的，而大的群体或社会组织的行为约束与利益协调，总是通过社会设置的规范体系来实现的；其二，社会制度对群体和组织的利益与行为的约束、协调、监控总是必须借助于一定的正式机构和设施，而社会规范对社会行动者个体行为的约束则不尽然；其三，考察社会制度的着眼点是各项规范之间的关系，而不是孤立规范的具体内容；其四，社会制度中的规范都是具有普遍意义的、稳定的和正式的规范，而社会规范可以包括特定的、临时的行动规则；其五，社会制度包括价值系统、规则系统、组织系统和设施系统，社会规范往往不包括有组织机构和具体设施。

（五）制度化与制度变迁的区别与联系

制度化与制度变迁都是从历史的角度来考察制度的动态变化与过程。所不同的是：首先，制度化是人们的行为方式或群体的社会生活从不固定到比较固定，从变动不居到模式化、定型化的过程，而制度变迁则是在特定制度形成之后，其制度的相对稳定性受到挑战而发生的变化过程；其二，制度化强调制度的“化成”，制度变迁强调制度的“化去”，也就是说，前者强调制度的形成与成熟，后者强调制度周期中的老化、消亡以及新制度的替代；其三，制度化之“化”，既可以指“过程”，也可以指“结果”，因此，制度化，作为一个“结果”，显示出制度的相对稳定性；作为一个“过程”，显示出制度始终处于不断的变化之中。而制度变迁则更多地是从制度的不断变化的过程来理解的。

四、练习题

（一）单项选择题（从给出的4个备选答案中选出1个正确答案并将其填入题干后的括号里）

1. 对以下（　　）的研究是社会学的传统，它在社会学研究中占重要的地位，从社会学的产生和发展过程中可以清楚地发现其与社会学的紧密联系。

A. 社会矛盾
B. 社会冲突
C. 社会环境
D. 社会问题

2. （　　）理论认为社会并不是紧密联系、协调一致的，而是存在着不同的利益群体，这些群体有各自的价值观念，当这些价值观念对立或不一致时就会使社会处于非整合状态，于是产生社会问题。

A. 社会整合论
B. 文化失调论
C. 价值冲突论
D. 偏差行为论

3. （　　）理论认为社会是一个组织起来的体系，社会规范是维护者。社会问题的发生是因为社会的剧烈变动使原来的社会规范失效，社会松散。

A. 社会病理学

B. 社会解组论

C. 标签论

D. 偏差行为论

4. （ ）问题正在成为世界性问题，引起世界各国的高度重视。

A. 贫困问题

B. 失业问题

C. 人口问题

D. 环境问题

5. 下列哪一项是我国的基本国策？（ ）

A. 加强精神文明建设

B. 计划生育

C. 缩小城乡差别

D. 扶贫

6. 劳动者在不能充分发挥其劳动能力时称为（ ）。

A. 就业

B. 失业

C. 显性失业

D. 隐性失业

7. （ ）的理论认为人口的增长速度是几何级数增长的，而生活资料是按算术级数增长的，这样，人口增长速度就大大超过生活资料的增长速度，于是人口就会过剩，产生饥饿和贫困，所以要抑制人口的增长。

A. 马克思

B. 恩格斯

C. 多纳尔德·J. 布格

D. 马尔萨斯

8. 由于劳动力市场不完备、求职者缺乏就业机会方面的知识以及在转换工作中出现的时间滞差而形成的失业称为（ ）。

A. 结构性失业

B. 正常性失业

C. 技术性失业

D. 季节性失业

9. 除了贫困线外，国际上公认且经常用于测量贫困的是（ ）。

A. 恩格尔系数

B. 基尼系数

C. 正态分布曲线

D. 洛伦茨曲线

10. 由于社会结构、分配制度不平等而造成的相当数量社会成员的贫困是以下哪种贫困类型？（　　）

A. 绝对贫困

B. 相对贫困

C. 群体贫困

D. 结构性贫困

11. 社会控制作为社会学的专业概念，最早是由（　　）提出来的。

A. 达伦多夫

B. E. A. 罗斯

B. 齐美尔

C. 吉登斯

12. 罗斯在他的（　　）中第一次提出“社会控制”的概念。

A.《正义论》

B.《理性与正义》

C.《社会控制》

D.《社会制约论》

13. 社会控制是建立在什么基础之上的？（　　）

A. 人们的相互合作

B. 社会强制力约束

C. 教育高度发达

D. 既定的社会规范

14. 根据规范形态的不同，可以把社会控制分为（　　）。

A. 外在控制和内在控制

B. 正式控制和非正式控制

C. 积极控制和消极控制

D. 统治和制约

15. 统治是建立在（　　）基础上的社会控制方式。

A. 内在对规范的遵从

B. 外在的强制力量

C. 教育的普及

D. 社会道德的强化

16. 根据控制力的直接来源，可以把社会控制分为（　　）。
A. 外在控制和内在控制
B. 正式控制和非正式控制
C. 积极控制和消极控制
D. 统治和制约

17. 道德、伦理、风俗习惯等属于社会中的（　　）。
A. 正式制度
B. 政治制度
C. 非正式制度
D. 宗教制度

18. 下列越轨行为中，（　　）是最严重的越轨行为。
A. 不道德行为
B. 违纪行为
C. 违法行为
D. 犯罪行为

19. 提出失范理论来解释越轨行为的社会学学者是（　　）。
A. 罗斯
B. 迪尔凯姆
C. 马克斯·韦伯
D. 滕尼斯

20. 提出手段—目标理论来解释越轨行为的社会学学者是（　　）。
A. 罗斯
B. 迪尔凯姆
C. 马克斯·韦伯
D. 默顿

21. 人们在共同的社会生活中形成的、指导人们的社会活动的、稳定的规范体系被称为（　　）。
A. 社会结构
B. 社会制度
C. 社会秩序
D. 社会行动

22. 在社会制度的各个层次中，社会学研究的主要层次是（　　）。
A. 超宏观层次
B. 宏观层次

C. 中观层次

D. 微观层次

23. 社会制度是人们为了有效地共同活动、实现目标而有意设计出来的。这种社会制度起源观点是（　　）。

A. 社会唯名论

B. 社会唯实论

C. 自然起源论

D. 人为设计论

24. 关于本原的社会制度的基本特点，下列说法不正确的是（　　）。

A. 它们是在人类的社会生活中较早出现的

B. 它们在人类的共同生活中发挥着基本作用

C. 它们可能会衍生出新的社会制度

D. 它们是某一特定领域中派生出来的制度

25. 下列制度中，不属于派生的社会制度是（　　）。

A. 经济制度

B. 政治制度

C. 教育制度

D. 宗教制度

26. 人们有意识地创造的、正式的、由成文的相关规定构成的规范体系，被称为（　　）。

A. 文官制度

B. 政党制度

C. 正式制度

D. 非正式制度

27. 下列关于制度化的说法中，不正确的是（　　）。

A. 制度化是人们活动方式模式化、定型化的过程

B. 制度化可以反映在微观的社会互动之中

C. 制度化说明了某种互动方式可以稳定下来

D. 制度化只是一个过程，它没有程度上的差异

28. 从制度设计者的角度来看，使相关人员认同规则并去实行的过程就是（　　）。

A. 制度建设

B. 制度化

C. 制度变迁

D. 制度消亡

29. 下列关于制度变迁的说法，不正确的是（　　）。

A. 制度变迁可以分为渐进变迁和剧烈变迁

B. 制度变迁是社会运行的常态

C. 在短期内，制度的兴起和替代是经常性的

D. 制度变迁的原因是多种多样的

30. 某种社会制度从其产生、不断完善到成熟、再到衰落直至消亡的过程称为（　　）。

A. 制度生命周期

B. 制度改革

C. 制度建设

D. 制度缺失

（二）多项选择题（从给出的5个备选答案中选出2~5个正确答案并将其填入题干后的括号里）

1. 按照社会问题的具体形式的不同，可以将社会问题分为（　　）。

A. 人口老龄化问题

B. 单亲家庭问题

C. 农村留守儿童问题

D. 青少年犯罪问题

E. 其他

2. 社会问题的产生是（　　）关系失调造成的。

A. 人与自然界的关系

B. 人与人的关系

C. 自然界与社会的关系

D. 自然界与生物的关系

E. 人与物的关系

3. 人与人之间的关系可以划分为下列关系中的哪些？（　　）

A. 血缘关系

B. 地缘关系

C. 业缘关系

D. 兴趣关系

E. 志向关系

4. 影响人口的自然因素包括下列因素中的哪几项？（　　）

A. 性别

B．年龄

C．打扮

D．衣着

E．血缘

5．社会问题的特征有哪些？（　　）

A．破坏性

B．客观性

C．普遍性

D．复杂性

E．时空特征

6．社会生产方式是人口发展的基础，而人口本身也对社会发展产生一定的反作用，主要表现在以下哪些方面？（　　）

A．人口数量

B．人口质量

C．人口密度

D．人口结构

E．人口流动

7．解决我国贫困问题的对策有哪些？（　　）

A．大力发展经济

B．提高贫困人口素质

C．积极扶持贫困地区的经济发展

D．合理调控国民收入分配

E．完善社会保障制度

8．罗斯提出，社会秩序的混乱与人性的“自然秩序”被破坏有关，这个“自然秩序”指的是（　　）。

A．同情心

B．道德感

C．互助性

D．正义感

E．包容心

9．靠实施强制性外力来实施的社会控制类型是（　　）。

A．统治

B．礼仪

C．制约

D. 习俗

E. 敬老

10. 下列哪些属于社会控制？（　　）

A. 统治

B. 制约

C. 道德

D. 风俗习惯

E. 宗教

11. 社会舆论发生社会控制作用的机制是（　　）。

A. 会对人们的行为发生潜移默化的作用。

B. 会对少数人与众不同的言行产生压力。

C. 为了缓解群体压力，人们会将自己的行为与众人保持一致。

D. 会对不从众的人予以制裁和处罚。

E. 总是起着积极的社会控制作用。

12. 下列哪些行为属于越轨行为？（　　）

A. 闯红灯

B. 同性恋

C. 赶时髦

D. 聚众闹事

E. 考试作弊

13. 按照越轨程度的不同，越轨行为可以分为哪些类型？（　　）

A. 不从俗行为

B. 不道德行为

C. 违纪行为

D. 违法行为

E. 犯罪行为

14. 关于社会制度的起源，比较有代表性的观点是（　　）。

A. 自然起源论

B. 人为设计论

C. 经验主义观点

D. 本土方法论

E. 符号主义观点

15. 社会制度的特征主要有（　　）。

A. 普遍性

B. 特殊性
C. 相对稳定性
D. 公益性
E. 非强制性

16. 下列制度中，属于经济活动领域的制度有（　　）。
A. 产权制度
B. 生产制度
C. 产品流通制度
D. 产品交换制度
E. 亲属制度

17. 本原的社会制度包括（　　）。
A. 政治制度
B. 教育制度
C. 宗教制度
D. 经济制度
E. 家庭制度

18. 社会制度的构成要素包括（　　）。
A. 价值系统
B. 规则系统
C. 组织系统
D. 设施系统
E. 网络资讯

19. 社会制度的功能具体表现为（　　）。
A. 满足人的需要
B. 导向功能
C. 整合与控制功能
D. 文化传递功能
E. 社会制度也有负功能

20. 影响制度变迁的主要原因有（　　）。
A. 人的需要
B. 生存环境
C. 社会结构
D. 社会利益结构
E. 文化传播

（三）辨析题（判断正确或错误并简单地说明理由）

1. 社会问题只有被人感知到，才能被称为社会问题。
2. 贫困是个体不努力工作造成的。
3. 越轨是指触犯法律规定的行为。
4. 社会制度的特殊性就是它的多样性。

（四）简答题

1. 解决我国人口问题的对策有哪些?
2. 解决我国劳动就业的措施有哪些?
3. 道德如何起到社会控制作用?
4. 简述社会制度的功能。

（五）论述题

1. 如何分析我国目前所面临的就业压力?
2. 试述社会学对于越轨行为的解释。
3. 试述构成社会制度的基本要素。

（六）材料分析题

1. 以下资料是关于我国社会转型的相关论述，试通过这些资料分析我国社会问题的特点及产生的根源。

转型，是指事物从一种运动形式向另一种运动形式过渡、转换的过程。所谓社会转型，是指社会结构和社会运行机制从一种形式向另一种形式转换的过程。转型社会则是指在这一转换过程中的一种特殊社会运行状态。我们通常所说的社会转型是指从传统社会向现代社会转换的过程。就中国的情况而言，就是从传统社会向社会主义现代化社会转换的过程。

1949 年中华人民共和国成立，标志着中国的社会转型进入了一个新的时期——从传统社会向社会主义现代化社会转型。党的十一届三中全会的召开，则标志着中国的社会转型进入了一个新的阶段，其目标是，沿着建设有中国特色的社会主义道路自力更生，艰苦创业，把我国建设成为富强、民主、文明的社会主义现代化国家。由于 20 世纪 70 年代末以来，社会转型的速度与以前相比大大提高，因此又将这一时期称为社会转型加速期。

从内容上分析，社会转型加速期表现为三个方面的转换：社会结构、社会运行机制以及价值观念体系。社会结构是组成社会系统各要素间一种比较稳定的联系形式。社会运行，是指影响社会运行诸因素相互联系的方式，以及这些因素对社会运行产生影响的作用原理和作用过程。社会转型加速期之前，传统社会也是一个和谐有序的社会，也处在动态平衡之中。社会结构变革，打破了这种和谐有序，破坏了原有的动态平衡，需要建立一种新的社会秩序和新的动态平衡。在社会转型过程中，社会结构不断地变革直到完全转换成现代化的社会结构，社会运行机制也随之不断转换直至转换为与新的社会结构相适应的运行机制。由此不难看出，社会转型中社会结构的稳定性较差，社会运行机制也在不断变化之中。社会转型不仅意味着结构转换、机制转换，还包括价值观念、行为方式的转换，甚至有不少学者认为价值观念体系的转换是社会转型最重要的前提条件。因为在社会转型的过程中，首先是物质层面的转型，其次是制度层面的转型，最后才是社会心理与价值观念的转型。由于物质文化的转型往往要快于社会心理与价值观念的转型，二者转型的速度不一致，因此导致在社会转型中各部分的关系紧张。于是在社会转型中，产生了许多社会问题。

——郑杭生．中国社会转型中的社会问题．北京：中国人民大学出版社，1996：1－3.

2. 以下文本资料是关于燃油税改革的报道，试通过这些资料分析我国体制改革中容易遇到的问题。

材料一：

1994 年有关部门正式提出开征燃油税。

1997 年全国人大通过《公路法》首次提出以“燃油附加费”替代养路费等，拟于 1998 年 1 月 1 日起实施。

1998 年 10 月，第九届全国人大常委会第五次会议审议了有关燃油税的议案。

同月国务院提请全国人大审议《公路法》修正案草案，但修正案两次遭否决，燃油税也跟着被推迟。直到 1999 年 10 月 31 日全国人大常委会第十二次会议才通过《公路法》修正案正式将“燃油附加费”改为燃油税。

1998 年，时任国务院总理的朱镕基在《政府工作报告》中强调，要进一步完善财税体制改革，重点是全面清理和规范收费，逐步实行“费改税”。

2001 年 1 月 4 日，时任国家税务总局局长的金人庆透露，燃油税出台工作已经就绪，将在适当时候开征该税种。当时有消息称，2001 年下半年，燃油税肯定会开征。

2001 年 6 月 6 日，时任国务院总理的朱镕基在清华大学经济管理学院讲演时曾对燃油税下马给出了解释：目前问题是油价太高，28 ~ 30 美元/桶。去年还是 25 美元/桶。因此原定下半年实行，但现在看来要推迟。

到了 2002 年初，金人庆再次声称燃油税将“择机出台”，然而直到他调离国家税务总局时，时机仍未到来。

2004 年 3 月，国家税务总局局长谢旭人透露，国家财政部、税务总局会同有关部门，已经就燃油税问题做了大量的调查、研究、测算，取消养路费、开征燃油税的工作已经进入审批程序之中，一旦时机成熟将适时开征燃油税。

当年5月，市场又传出“燃油税”将于6月份正式开始实施的消息，但结果证明不过是又一次猜测而已。

2005年1月22日，国务院发展中心的报告称：我国已经制定了征收汽车燃油税的方案，并将择机在全国公布推行。

2007年6月，国务院印发了国家发改委会同有关部门制定的《节能减排综合性工作方案》，其中再次提出将制定和完善鼓励节能减排的税收政策，“适时出台燃油税”。

2007年9月，在乘用车信息联席会议上，有记者向全国乘用车信息联席会秘书长饶达询问有关燃油税是否可能根据目前油价改革出台。饶达表示：“现阶段的准备条件可满足燃油税开征。”

2007年9月13日，国家税务总局地税司副巡视员曹聪在网络公开答疑时表示，我国今后要开征燃油税，以替代养路费。曹聪表示，按照有关方案的设计，今后对汽油、柴油开征燃油税之后，养路费、客运附加费等多项行政收费将同时停收。

——燃油税的历史回顾：13年的政策之旅．市场报，2007－11－14. http：//auto. sohu. com/20071114/n253250820. shtml.

材料二：

本报讯（记者　李兰）记者就燃油税方案出台难的问题采访了有关专家，他们普遍认为，原油价格起伏波动、配套措施不完备、征收操作困难等成为燃油税方案出台步履维艰的原因。

原油价格波动影响税收

中国人民大学财经学院张文春教授对记者表示：“把税款加到燃油的价格里在我国海南已经实行了多年。海南省政府鼓励当地居民使用高速公路，使得这个政策的实施效果非常好。在我国，燃油税方案之所以迟迟不能出台，和很多因素有关，其中很重要的一个就是我国的公路收费制度，即实施燃油税后高速公路是不是能免费使用。在很多国家，使用高速公路都是免费的。”

此外，原油价格的波动也是燃油税方案很难出台的一个原因。去年原油价格波动比较大，势必会对税收产生很大的影响。从目前的情况看，我国能源价格的上扬应该是必然趋势，这就对税率的制定造成了困难。

国务院发展研究中心倪红日研究员则认为，我国出台燃油税方案的最初目的是为了“费改税”，就是把以前的“养路费”变成“燃油税”。“后来由于多种操作性问题，燃油税方案迟迟未能出台。首先是国际油价的持续上涨，如果出台燃油税方案，将造成一定价格上涨的风险。如果把养路费折合到油品的价格上，目前的油价会上升大约30%～40%。换句话说，燃油税直接加在油品的价格上，消费者能不能承受？这是一个价格上的风险。”

配套措施不完备阻碍实施

张文春教授还认为，燃油税方案的出台还将对交通、交管、税务等部门的配套措施提出新的更高的要求，如果这些配套措施没有解决好，燃油税方案出台后也很难得到有效的实施。

征收存在操作上的困难

倪红日研究员在接受采访时对记者表示，燃油税方案出台后，在具体征收上也存在操作的难度。是在油品的生产、批发渠道收取燃油税，还是在零售领域——加油站收费？如果在加油站收取，因为加油站分布十分广泛，税务部门采取什么样的措施才能防止偷税漏税现象发生？在生产、批发渠道收取倒是有利于保证税收，却会遭到生产企业和经销商的反对，因为它们要事先垫付这笔费用，而能不能收回来却存在财务上的风险。另外，数量众多的农用柴油车怎么办？总之，燃油税方案的出台牵扯到很多方面的问题，这也是迟迟难以实施的原因。

——李兰．燃油税方案出台尚需时机 征收存在操作上困难．竞报，2005－01－12．http：//finance. sina. com. cn.

五、参考答案要点

（一）单项选择题

1. D　2. C　3. B　4. C　5. B　6. D　7. D　8. B
9. A　10. D　11. B　12. C　13. D　14. B　15. B　16. A
17. C　18. D　19. B　20. D　21. B　22. C　23. D　24. D
25. A　26. C　27. D　28. A　29. C　30. A

（二）多项选择题

1. ABCDE　2. AB　3. ABCDE　4. ABE　5. ABCDE
6. ABCDE　7. ABCDE　8. ACD　9. AC　10. ABCDE
11. ABE　12. ABCDE　13. ABCDE　14. AB　15. ABC
16. ABCD　17. DE　18. ABCD　19. ABCDE　20. ABCDE

（三）辨析题

1. 答：错误。

（1）社会问题是一种客观现象。社会问题的存在、产生和发展具有客观性，它存在于人们的意识之外，无论人们是否承认，它都客观存在着，不以人的意志为转移。

（2）社会问题有它客观性的一面，也与人们对这一现象的认识程度有关。某一现象已经存在，但在一定历史时期，其不利影响未被人们所认识，也不能算是社会问题。

（3）社会问题的认定是一个复杂的过程。既有客观的一面，也有主观认识的一面，具体认定时应做到主观与客观的统一。

2. 答：错误。贫困是多种因素共同作用的结果。具体说来，有以下因素：

（1）自然条件恶劣。贫困人口多分布于偏僻、交通不便、信息闭塞、资源匮乏地区，恶劣的自然条件使生产效率低下，就业机会少，收入低。

（2）劳动者个人素质低，观念落后。一个人拥有收入的多少及社会地位的高低是与个人素质紧密相关的。

（3）政治、经济、历史因素。政治动荡不安、社会生产力水平低下、历史遗留问题等都是贫困的解释因素。

（4）社会保障制度不健全。完善的社会保障制度是减少和预防贫困的重要保证，社保制度不完善也是贫困的重要原因。

3. 答：错误。

（1）越轨行为是指违反社会规范的、出格的行为。

（2）社会行为规范是人们在共同的生活中共同创造并遵守的行为方式，它是群体和社会所共有的强制他人学习和遵守的行为规则。

（3）越轨行为的判定与其所在的文化类型、群体价值观和权力结构有关。

（4）触犯法律规定的行为当然是越轨行为，违反习俗、道德、文化价值观的行为也是越轨的行为。

4. 答：正确。

（1）社会制度的特殊性表现为：不同的社会生活领域中的社会制度有不同的内容；即使在同一生活领域，不同背景下的人们也可能会形成不同的制度，社会制度同时也呈现出它的多样性特征。

（2）社会制度的特殊性是说在认识和研究不同的社会生活时，应该注意到它们背后的制度可能是不同的，这种不同的制度又都有其合理性，这正是社会生活之间存在差异和多样性的必然结果。所以说，社会制度的特殊性就是它的多样性这一说法正确。

（四）简答题

1. 答：解决我国人口问题的对策有：

（1）大力发展经济，促进社会生产力的发展。人口问题很大程度上是人口与社会经济发展不平衡造成的。大力发展生产，增加社会和个人财富，提高人们的物质生活水平，缓解人口与物质资料生产的矛盾。

（2）大力发展教育，提高人口素质。大力发展教育，全面提高人口科学文化素质和思想道德素质，改变人们的生育观念和行为，控制人口数量，促进人的发展。

（3）合理控制人口数量。坚定不移地推进计划生育政策，我国的人口规模决定了要合理控制人口的总体数量。

（4）加强人口法制建设。要做好人口工作，必须制定相关的人口法律，做到依法控制人口数量，依法提高人口素质。

2. 答：解决劳动就业问题的措施有：

（1）发展经济，创造更多的就业岗位。解决就业问题最根本的途径就是大力发展经济，创造就业岗位，缓解就业压力。

（2）加强人力资源建设。经济全球化和科技的迅速发展对劳动者的技术和能力提出了较高的要求，应加强劳动力技能培训，提高其劳动水平。

（3）发展服务业，开辟新的就业领域。发展服务业，满足社会迅速发展的需要，提供更多的就业机会。

（4）加强法制和制度建设。完善劳动就业制度，逐步统一劳动力市场建设，加强劳动保障制度建设，保障劳动者合法利益。

3. 答：（1）道德是靠人们的内心信念、社会舆论来促使人们自觉遵守社会规范的。

（2）任何社会，特别是社会的统治阶级都十分重视道德的社会控制作用。

（3）但是道德的约束作用也是有限的，因为道德具有阶级性、集团性。在社会剧烈变迁、社会价值观念发生重大变化的时期，道德的控制力更加会受到挑战。

4. 答：社会制度的功能是：

（1）满足人的需要。人的需求是多样化的，不同社会成员的需求可能有冲突，为了满足大多数人的需要并有利于社会的发展，人们制定了社会制度。

（2）导向功能。社会制度的导向功能表现为对人们行为的规范。为了共同活动而形成的规范和制度要求参与共同活动的成员以自己的行动去与别人配合，以实现共同活动的目标。

（3）整合与控制功能。整合是社会制度的基本功能，它以制度规范之间的良好配合、协调为基础。社会制度还能够对不符合规范要求的行为进行约束和控制。

（4）文化传递功能。社会制度的普遍实施、被高度认可和稳定性使其文化传递功能得以实现。

（5）社会制度也有负功能，主要表现为制度压制个性、阻碍社会变迁。

（五）论述题

1. 答：（1）当前我国的劳动就业问题受到以下几个重要因素的影响：劳动力人口数量充足、劳动就业制度的市场化改革、产业结构调整、经济全球化、世界金融危机等。

（2）受如此众多的因素影响，我国的劳动就业存在以下一些问题：劳动力人口数量充足使得劳动就业压力巨大、劳动就业制度的改革带来下岗和失业、产业结构调整给就业带来巨大压力、农村剩余劳动力转移问题、劳动者合法权益得不到保护。

（3）要解决目前我国的劳动就业问题，短期的措施有：第一，改革户籍管理制度，拆除城乡壁垒，统筹城乡发展。第二，建立全国统一的社会保障体系，促进全国统一的、竞争的、流动的劳动力市场形成。第三，建立完善的失业保险制度，减少社会不稳定因素。第四，扶持中小企业，发展劳动密集型产业。第五，加大教育投入。第六，构建国家创新体系，大力发展高等教育，培养大批高级创新人才，提高国家综合创新能力。第七，大力推进中等职业技术教育。

2. 答：社会学从社会结构、社会文化、社会变迁等角度解释越轨行为何以发生，主要有以下机制理论：

（1）失范理论。迪尔凯姆提出失范理论，认为社会的正常状态是各部分相互协调处于整合状态，而当社会处于快速变动时，原来用于指导和约束人们行动的社会规范就可能失效，这时人们就会手足无措，处于无所遵从的状态。

（2）手段—目标理论。默顿认为，社会作为一个文化体系，为每一个社会成员都规定了目标，但是社会在结构安排上并没有为每一个人提供达到目标的合法手段，两者的不配套就会导致越轨的行为发生。

（3）亚文化群体论。亚文化群体是指一定社会中在文化价值与主体社会有显著差异的群体。亚文化群体理论认为，所谓越轨者并不是自己有意违背社会规范，实际上他们也遵从社会规范，无非是在主流文化群体看来属于越轨亚文化。

（4）标签理论。学者们把越轨分为初次越轨和次级越轨，并认为每个人都会不同程度地越轨，但大多数是偶然的，程度也不严重。如果这种行为被公之于众，就会被他人贴上“越轨者”的标签，初次越轨变为次级越轨。这一理论认为，越轨行为不在于行为本身，而是社会的反应和他人定义的结果。

3. 答：社会制度的基本要素包括四个方面：

（1）价值系统。价值系统是指社会制度存在的意义系统，即某一社会制度存在的理由和价值。不同的社会制度有不同的价值观念和价值系统。价值系统是人格和文化中的核心要素，也是社会制度的灵魂。价值系统用来阐释制度的目标与功能，通过对社会地位、角色及利益的评判体现社会的普遍价值观念。

（2）规则系统。行为规范是一定社会中用来指导人们行为的准则，它是人们在长期的共同生活中选择、积累起来的经验，是人们在共同生活中认为合理且合适的东西。它是社会制度的基础。如风俗、习惯、道德、伦理等。

（3）组织系统。组织系统是指实施社会制度的社会成员、群体和组织机构，它是社会制度的实体部分，是价值观念和规范的载体。组织系统包括组织领导、职能机构、组织成员。

（4）设施系统。设施系统是社会制度得以运行的物质手段，它包括实用性的物质设备和象征性的物质设备。没有设施系统，社会制度的存在和运行就没有客观现实性。

（六）材料分析题

1. 答：我国处在从传统社会向现代社会的转型期，在这个转型的过程中，社会问题集中凸显，反映了社会生活的复杂性。

在我国社会转型的历史时期，我国的社会问题也被打上了时代的烙印，具有鲜明的时代特征。

（1）社会问题具有交织性。社会的全面转型使得各种社会问题相互交叉，纠结在一起，一个问题的解决要以另一个问题的解决为前提。

（2）社会问题具有突发性。许多社会问题短期大量出现，政府和社会措手不及，如果应对迟缓，就会产生重大的影响。

（3）社会问题的复杂性。社会是一个有机整体，社会系统各组成要素具有关联性。其中任何要素的变化都将引起其他要素以及整个系统的变化，错综复杂。

我国产生的社会问题有着深刻的经济、体制、价值观根源。

(1) 从经济方面来看，我国社会经济发展起点低，国民财富有限。经济发展也很不平衡，东中西部经济差距较大。

(2) 从体制视角来看，改革开放以来经济体制从计划经济体制向社会主义市场经济体制转化，政治体制也在不断探索的过程中，在经济和政治领域存在突出的社会问题。

(3) 从文化价值角度来看，社会转型期，原有的价值观念体系逐渐瓦解，并逐渐被新的价值体系所取代，这一过程中必然会有社会矛盾、社会问题产生和蔓延。

2. 答：(1) 材料一反映了近十几年来国家有关部门探索开征燃油税的历程，材料二反映了燃油税如果出台可能面临的操作性难题。

(2) 在对燃油税的探索过程中，集中反映了由于我国国情和改革任务的复杂性，我国的改革只能是采取渐进式改革的方式，而不能走激进式改革的道路。

(3) 征收燃油税虽然仅仅是消费税领域内的一项经济改革措施，但由于涉及面广，以及各领域、各部门之间改革的不同步，必然造成制度性摩擦，进而降低改革效率。

(4) 燃油税的探索过程充分说明了改革过程中存在的制度信赖。

(5) 通过对材料的解读，我们不难发现，一个新制度的建立是使人们认同制度的价值，并且按照共同的制度规则活动的过程，这是一个复杂、长期的社会过程，其中不可避免地会出现改革过程中诸多行动者（利益相关方）的参与而使新生制度的成长举步维艰。

第九章　社会变迁与社会现代化

一、学习目的和要求

通过本章的学习，学生应理解社会变迁与社会现代化的一般理论。如：社会变迁的含义、类型和影响社会变迁的因素；有计划的社会变迁——社会规划的含义、类型和特点；社会指标的含义、内容和功能。理解和思考有计划的社会变迁与社会协调发展之间的关系。了解现代化的含义、内容与主要特征，了解关于现代化的主要理论模式，理解现代化的过程和本质，以及现代化的动力和后果。通过了解后发展国家以及中国现代化过程当中的特点，不同的理论流派对不发达国家现代化过程的论述，思考后发展国家由于处在不同的时间空间秩序当中，具有完全不同的国际环境和条件，在现代化过程中会走一条什么样的道路、会遇到什么样的问题。了解西方学者对后工业时代的论述和分析，思考20世纪中后期以来西方社会正在发生的深刻变化，以及这种变化对后发展国家的发展会有什么样的影响。

二、内容提要

在社会学中，社会变迁指社会的一切变化，特别是社会结构、社会制度方面发生的变化。人们常常从宏观、中观、微观的层次去理解社会变迁。社会学家主要从以下几个角度对社会变迁进行分类：从社会变迁主体的规模特征来看，社会变迁可以分为整体的社会变迁和局部的社会变迁；从社会变迁的速度和激烈程度来看，社会变迁可分为社会进化与社会革命。社会变迁本身是一个中性概念，但如果被赋予价值评价的话，社会变迁又可以分为社会进步与社会倒退。由于社会变迁又是社会成员的行为方式及其结果，社会变迁又可分为自发的社会变迁与有计划的社会变迁。环境变化、人口变动、科技发展、社会生产力的变化以及社会价值观念的变化都对社会变迁有重要影响。

与“现代”的概念相对应，广义的“现代化”指向任何一个更“新”

的“现代”时代或状态的转变过程；狭义的“现代化”指18世纪以来（尤其是工业革命以后）从欧洲起源，之后扩散到全球的、建立在工业革命基础上的新的社会生活或组织模式，是从“传统社会”向这种新型的“社会生活或组织模式”转变的过程。人们通常所说的“现代化”一词，实际上包含了人类思想和行为一切领域的变化，其组成部分至少包括工业化、城市化、专业化、高水平的社会分化和流动、科层化、参政范围的扩大、文化的世俗化、行为的理性化等，是一个全面、系统、普遍发生的社会变迁过程。现代化是一个剧烈的转变过程、系统的变革过程、由于某些偶然因素而首先发生在西方国家的过程，是一个全球化的、趋同化的、功过并存的过程。

三、重点、难点问题解析

（一）社会变迁的含义及主体的相对稳定性特征

社会变迁的主体是社会结构，任何稳定的结构都处于变动之中，结构的稳定性是相对的。

理解这个问题首先应把握社会变迁的含义。我们把社会所发生的一切变化都称为社会变迁，这是一个广义的理解，它既包括社会整体的变化，又包括社会局部的变化。人们一般从宏观、中观和微观的角度来看待社会变迁，宏观的如人类社会形态的变化、国家的治乱兴衰，中观的如社会结构的重大调整、社会制度的变化，微观的如人们的行为方式和行为规范的变化等。那些宏观和中观的变化是社会从一种形态和结构形式向另一种形态和结构形式的变化，而微观的变化则是这些变化的具体反映，也是具有社会意义的。早期的社会学中宏观研究占主导地位，带有较强的理论色彩。当社会学的实证方法被确立起来以后，一些规范的社会学家倾向于在中观层次上去研究社会的结构和变迁，更关注社会结构、社会制度方面的变化。因此，我们说，社会变迁指社会的一切变化，特别是社会结构、社会制度方面的变化。这个含义实际上强调了中观层次的理解。

所谓社会结构，是指社会的各个范畴、各个类属之间比较稳定的联系方式，即社会当中很多不同的社会群体（如身份群体、工作群体、处于不同层级的利益群体、地域群体等）之间由于长期的互动而形成的比较稳定的行为模式和社会关系，这就是社会结构的基础。而社会变迁也只能是那些相对稳定的东西，在社会学中，这种稳定的东西就被称为结构。因此，社会变迁即是指社会结构的变迁，不管这种结构是宏观的、中观的，还是微观的。最后，也正是因为社会结构处在不断的变迁之中，因此，它的稳定性特征只能是相对的。

（二）社会规划的特点、目标以及由谁来进行规划的问题

人们为了达到共同的目标而指导社会变化的过程叫做社会规划。社会规划之所以成为可能，源于人类具有理性，即人类可以通过对社会发展规律的认识而对未来发展做出某种程度的计划或干预，从而使社会运行更符合人类的需要和社会进步的要求。社会规划的突出特点主要表现在两个方面，第一在于其综合性，社会规划是从综合的角度对人类活动产生影响，它关注的是人们的各种活动之间的协调以及实现符合社会进步要求的共同目标；第二在于其以人为本的特点，它通过对各种资源的合理配置和有效运用，产生出更加令人满意的效果，从而更符合社会进步的要求。

社会规划的目标在于关注经济活动和其他活动的社会效果，实现社会的全面发展。怎样才能更好地实现这个目标呢？其中涉及一个关键的问题：由谁来进行规划。传统的看法是由政府官员和技术官僚来规划，但这会存在两个风险，其一是政府官员和技术官僚可能并不真正了解社会状况，特别是民众的愿望，这会导致规划不符合实际而缺乏操作性；其二是可能会造成权力垄断，形成少数人支配社会的局面。鉴于这方面的经验和教训，国际上大力倡导参与式规划，即广泛吸引各方面人士、民众和非政府组织参与社会规划。

（三）韦伯关于现代化的“理性化”理论模式

如果说马克思的“资本主义社会”理论模式主要在于揭示现代化的动力和后果的话，那么韦伯的“理性化”模式则主要揭示了现代化的过程。韦伯是从个人行动和社会生活“理性化”的角度来理解现代化过程的。韦伯认为，包括资本主义和工业化在内的全部社会现象都是个人行动的产物。他把人的行动分为四种理想类型：目的理性行动、价值理性行动、出于情感的行动和符合传统的行动。韦伯认为，后两种行动都不包括明确的主观意义，可看成理想类型中合理行动的偏差。价值理性行动虽然在主观上具有相当的理性成分，行动者清楚地意识到自己行动的价值意义，但在客观上不具备理性特征，因为它根本不顾及或不愿顾及行动的后果和行动的恰当性。理性成分最高的是目的理性行动，在这类行动中，行动者对行动的目的以及达成目的的手段都进行了合理的思考和选择。

韦伯认为，近代欧洲生活的本质特征就是一切行动以目的合理为标准。这种目的理性行动一步步彰显的过程实际上就是“理性化”的过程。韦伯从各个方面详细考察了西方社会的理性化过程，指出机器生产技术、资本

主义企业组织、市场经济体制、企业家与劳动者的阶层分化、科层制的普及、高度形式化的普遍主义法律以及由专业文官依据法律进行行政管理的现代国家都是社会生活理性化的结果或表现。韦伯认为上述这些社会生活理性化的不同方面并非同步的而是分散或异步的，但只有各个方面的理性化都达到了较高程度时，才能实现从前现代社会向现代社会的转变。同时，上述社会生活的理性化过程与人的行动的（目的）理性化过程是分不开的，只有当人的行动高度（目的）理性化的时候，社会生活的理性化过程（如资本主义的发展）才能迅速展开。因此，韦伯在《新教伦理与资本主义精神》一书中强调，资本主义或者说现代化过程之所以首先在西欧国家中产生和发展起来，一个很重要的因素就是新教伦理的出现使新教教徒的行动具有高度（目的）理性化的色彩，从而资本主义等现代社会因素才能得以发展。

同时，韦伯也指出了人类现代化进程中的困境：贯穿在西方现代化进程中的各种理性精神及其表现（如资本主义、市场经济、劳资分化、官僚体制等）只有从目的理性的角度来看才具有合理性，如果从价值理性的角度来看，它们又是不合理的。比如，韦伯认为，科层制越是得到充分的实现，越是使自己“非人化”。

（四）如何理解后现代、后现代主义与后现代化？

后现代主义作为一种思潮，是在20世纪70年代以来西方发达国家的经济、社会发展过程中出现的一系列与以往以工业化为核心的现代化过程不同甚至完全相反的演变趋势下兴起的。

“后现代”总是相对于“现代”而言的。从词源上讲，“后现代”意味着“现代”之后。它实际所从事的事业是对现代性的反思和批判，而不是自己另立门户。从当代西方学术界尤其是后现代论者的观点来看，大多数后现代思想家都倾向于把“后现代”理解为一种不同于现代性或现代主义的思维方式，而不是一种年代学的时间概念。实际上，同一时代的不同理论，既有可能是属于现代的，也有可能是属于后现代的。

后现代主义是相对于现代主义而言的，它最初指的是一种以抛却普遍性、背离和批判现代主义的设计风格为特征的建筑学倾向，后来被移用于指称文学、艺术、美学、哲学等人文学科，以及社会学、政治学等社会科学甚至自然科学领域中具有类似倾向的思潮。后现代主义是后工业社会或晚期资本主义的文化现象。尽管在大多数学者的论述中，“后现代主义”与“后现代性”常常混用甚至等同，但严格来说，后现代主义与“后现代性”不同，“后现代性”常被看成是有别于现代性的社会、经济、政治的制度结构的形态，也就是说，它是一种不同于现代性社会的特殊的社会历史状况。

后现代化则是指一个从现代性到后现代性的社会变迁过程，也是后现代性的实现过程。

实际上，正如有的教材所介绍的关于后现代思潮的各个流派的观点一样，后现代对现代性以及现代社会的分析与批评触及了我们现代社会生活的方方面面，从政治制度、精神生活、生存方式到话语实践和道德责任，涉及面非常广。尽管其中可能包含混乱和分歧，但不可否认的是，“后现代”的确为我们提供了一个分析和理解当代社会文化现象的有用工具。

四、练习题

（一）单项选择题（从给出的4个备选答案中选出1个正确答案并将其填入题干后的括号里）

1. 社会学家（　　）提出社会学应该注重中层理论的研究。

A. 帕森斯

B. 默顿

C. 韦伯

D. 加芬克尔

2. 社会缓慢的、有秩序的变化形式，一般表现为某一社会对于外部环境的压力、内部不协调所做的有序调整，没有社会结构的重大变化，这属于社会变迁的（　　）类型。

A. 整体社会变迁

B. 局部社会变迁

C. 社会进化

D. 自发的社会变迁

3. 人们根据自己的意愿和设计而推动的社会变迁叫做（　　）。

A. 局部社会变迁

B. 社会进步

C. 社会革命

D. 有计划的社会变迁

4. 以下不属于社会变迁因素的是（　　）。

A. 人口变动

B. 社会价值观念的变化

C. 环境变化

D. 政权更替

5. 我国的体制改革是（　　）导致社会变迁的典型例证。

A. 社会价值观念的变化

B. 政权更替

C. 科学技术的发展

D. 社会生产力的变化

6. 马克思的社会学理论不包括（　　）。

A. 人类需要及社会劳动

B. 社会关系与社会结构

C. 社会的变迁

D. 结构交换论

7. 马克思认为社会变迁的根本动力在于（　　）。

A. 阶级冲突

B. 生产力与社会关系的矛盾

C. 社会变迁的整体性特征

D. 人与环境的关系

8.（　　）认为民族文化是一个民族应付它生存于其中的社会和自然环境压力的过程中形成的，即不断的“压力—反应”塑造了民族文化。

A. 汤恩比

B. 索罗金

C. 奥格本

D. 斯宾塞

9. 以下关于社会变迁的理论中不属于历史循环论的是（　　）。

A. 经济周期论

B. 文化堕距论

C. 社会均衡论

D. 文化类型论

10. 物质文化首先发生变化，之后非物质文化会发生适应性变化，但非物质文化的变化会有所延迟，二者的变化在时间上有差距，这是（　　）。

A. 索罗金的文化堕距论

B. 索罗金的文化类型论

C. 奥格本的文化堕距论

D. 奥格本的文化类型论

11. 以下不属于孔德所说的人类社会变迁和历史进程阶段的是（　　）。

A. 形而上学阶段

B. 军事阶段

C. 过渡阶段

D. 工业阶段

12. 用“优胜劣汰、物竞天择”的观点解释人与人、民族与民族、国家与国家之间的关系，认为通过生存竞争，个人、种族、国家可分化成优劣不同的等级，并认为优等民族可以成为世界的统治者的社会学家是（　　）。

A. 达尔文

B. 斯宾塞

C. 帕森斯

D. 孔德

13.（　　）认为社会系统本身具有自我调节的机制，各个子系统发生相应的分化，这样可以使社会系统在新的基础上实现协调和平衡。所以，社会系统总是处于内部协调和平衡的。

A. 帕森斯

B. 斯宾塞

C. 吉登斯

D. 熊彼特

14. 以下不属于传统冲突论代表的是（　　）。

A. 齐美尔

B. 达伦多夫

C. 马克思

D. 韦伯

15. 以下学者当中，（　　）从劳动分工对社会团结和社会秩序的影响这个角度来探讨现代化问题。

A. 斯宾塞

B. 孔德

C. 迪尔凯姆

D. 帕森斯

16. 以下学者当中，（　　）从个人行动和社会生活“理性化”的角度来理解现代化过程。

A. 韦伯

B. 帕森斯

C. 英格尔斯

D. 斯宾塞

17. 吉登斯认为现代社会是一个多维度的整体，以下不属于他所说的现代化过程维度的是（　　）。

A. 工业化

B. 资本主义

C. 监督系统

D. 规范系统

18. 以下关于现代化的理论中，属于哈贝马斯的贡献的是（　　）。

A. “理性化理论”模式

B. “工业社会理论”模式

C. “系统—生活世界”两层次现代化理论模式

D. “多维现代性理论”模式

19. 以下学者当中，不属于后现代主义者的是（　　）。

A. 福柯

B. 德勒兹

C. 利奥塔德

D. 威廉·古德

20. 后现代主义者认为，以工具理性为基础的控制能力的增长在给人类带来巨大物质财富的同时，也会带来空前的灾难性后果。以下不属于这些后果的是（　　）。

A. 严重的环境污染和生态失衡

B. 使人类本身陷入无所不在的被支配状态

C. 传统和宗教成为不可反抗的合法性准则

D. 科学、理性成为支配—被支配关系的新的基础

21. 以下论述中，不属于列维所说的后发展国家在进行现代化时所具有的不利因素的是（　　）。

A. 存在跳跃性发展的可能性

B. 后来者必须一开始就在相当大的范围内从事许多事情

C. 后来者往往需要使自己的生产能源、材料、技术等在短时期内发生巨大改变

D. 较高的期望与实际存在的发展距离容易引发后来者人民中的失望情绪

22. 后发展国家的现代化过程与早发展国家相比具有许多不同的特点，其中最重要的特点是（　　）。

A. 民间力量在现代化过程中起着重要作用

B. 国家在现代化过程中起着重要作用

C. 建设资金供给不足

D. 社会动员和政治参与扩张的速度偏快

23. 世界体系理论的创立者是美国学者（　　）。

A. 弗兰克

B. 沃勒斯坦

C. 亨廷顿

D. 格申科伦

24. 以下理论中，（　　）揭示了不发达国家现代化过程的不利影响，但忽视了对国内情况的研究。

A. 社会趋同论

B. 世界体系论

C. 依附理论

D. 工业社会理论

25. 根据罗荣渠等人的分析，从 1949 年新中国成立到 1979 年改革开放，属于中国现代化进程当中的（　　）。

A. 第一个发展阶段

B. 第二个发展阶段

C. 第三个发展阶段

D. 第四个发展阶段

26. 列维是从（　　）的角度来分析中国现代化迟缓的原因。

A. 家庭制度

B. 民族文化

C. 社会动员

D. 外国帝国主义的侵略

27. 根据美国社会学家丹尼尔·贝尔的分析，以下不属于后工业社会的特点的是（　　）。

A. 服务性经济的创立

B. 理论知识的首要地位

C. 新的智能技术兴起

D. 以物质产品的生产为核心

28. D. 莱恩认为，后现代社会的核心过程是（　　）。

A. 新生产技术的出现

B. 物质产品的生产

C. 消费以及需求和欲望的生产

D. 职业结构的巨变

（二）多项选择题（从给出的5个备选答案中选出2~5个正确答案并将其填入题干后的括号里）

1. 从社会变迁主体的规模特征来看社会变迁，可以分为（　　）。

A. 整体社会变迁

B. 局部社会变迁

C. 自发的社会变迁

D. 有计划的社会变迁

E. 社会进步

2. 社会变迁的因素包括（　　）。

A. 环境变化

B. 人口变动

C. 社会生产力的变化

D. 科学技术的发展

E. 社会价值观念的变化

3. 马克思关于社会变迁理论的核心内容包括（　　）。

A. 社会变迁的根本动力是生产力与生产关系的矛盾

B. 经济基础与上层建筑的关系

C. 社会变迁的整体性特征

D. 人与环境的协调发展

E. 社会变迁的发展性特点

4. 以下关于社会变迁的理论中属于社会进化论的是（　　）。

A. 奥格本的文化堕距论

B. 帕森斯的社会均衡论

C. 斯宾塞的社会进化论

D. 汤恩比的社会与自然环境压力论

E. 孔德的人类社会发展阶段论

5. 帕森斯的社会均衡论认为任何社会都是一个功能系统，它由发挥不同功能的各个子系统结合而成，这些子系统包括（　　）。

A. 适应子系统

B. 达成目标子系统

C. 均衡子系统

D. 整合子系统

E. 维持模式子系统

6. 传统的社会冲突思想的代表是（　　）。

A. 马克思

B. 哈贝马斯

C. 齐美尔

D. 福柯

E. 韦伯

7. 吉登斯认为社会进化论的危险在于（　　）。

A. 单线压缩

B. 对应压缩

C. 规范错觉

D. 时间歪曲

E. 时间压缩

8. 社会规划在程度上可以分为以下形式：（　　）。

A. 全球范围的规划

B. 国家层次的规划

C. 指导性规划

D. 地区层次的规划

E. 指令性规划

9. 综合各学者对于现代化内容的概括，其组成部分包括（　　）。

A. 工业化和城市化

B. 专业化、高水平的社会分化和社会流动

C. 科层化、参政范围的扩大

D. 文化的世俗化

E. 行为的理性化

10. 以下哪些学者为“工业社会”模式作出过理论贡献？（　　）

A. 孔德

B. 斯宾塞

C. 迪尔凯姆

D. 帕森斯

E. 丹尼尔·贝尔

11. 以下关于“理性化”的理论模式论述正确的是（ ）

A. 它是韦伯从个人行动和社会生活“理性化”的角度来理解现代化过程的视角

B. 社会生活理性化的不同方面在历史上并非同步的，而是分散或异步的过程

C. 从价值理性的角度来看，贯穿于西方现代化过程中的理性精神及其表现具有合理性

D. 从目的理性的角度来看，贯穿于西方现代化过程中的理性精神及其表现具有合理性

E. 社会生活的理性化过程与人的行动的理性化过程存在密切关联

12. 吉登斯从四个制度性维度出发，认为人们在现代性或现代化条件下将面临以下风险：（ ）。

A. 人类处于全面的被支配地位

B. 生态环境的衰变

C. 经济增长机制的崩解

D. 极权的兴起

E. 大规模的军事冲突和核战

13. 美国社会学家列维认为后发展国家与早发展国家相比具有以下几方面的优势：（ ）。

A. 有更为明确的行动方向

B. 有可能直接采用和借鉴发达国家已经形成的计划、技术、设备和组织模式

C. 存在跳跃性发展的可能性

D. 后来者国家的领袖可以通过展示其他国家和地区已达到的成绩而加强其领导

E. 可以从已实现现代化的国家中获得资本和技术上的帮助

14. 以下属于依附理论的代表人物有（ ）。

A. 普雷维什

B. 弗兰克

C. 卡多索

D. 阿明

E. 亨廷顿

15. 以下关于“世界体系理论”的论述正确的是（ ）。

A. 其创立者是美国学者沃勒斯坦

B. 认为所有的社会、民族在现代化过程中都会经历同样的阶段，形成大体相同的社会特征

C. 认为整个世界是一个以经济为实体、以世界性区域分工为基础的世界体系

D. 认为各个国家或地区由于经济地位不同而分属于核心、半边缘和边缘

E. 认为所谓发展就是改变在世界体系中的位置，从边缘位置向半边缘位置或从半边缘位置向核心位置升迁

16. 以下关于中国的现代化过程论述正确的是（　　）。

A. 根据罗荣渠等人的分析，中国的现代化开始于19世纪60年代的“洋务运动”

B. 中国的现代化是一种典型的“后发型”现代化

C. 中国所选择的“社会主义现代化模式”中，国家起的作用最大、对社会控制程度最高

D. 作为后发展国家，社会主义中国在建立之初由国家全面管理并严格控制社会经济过程

E. 随着工业化程度的提高、生产规模的扩大、结构的日益复杂、基础性建设的任务基本完成，国家直接控制和管理社会经济过程的必要性和效率下降，因此，我国开始进行体制改革

（三）辨析题（判断正确或错误并简单地说明理由）

1. 所谓社会变迁就是关于社会形态或社会制度的比较大的方面的变化。
2. 科学技术的发展和应用都能促进社会的进步。
3. 现代化实际上就是工业化。
4. 对于发展中国家来说，现代化意味着西方化。

（四）简答题

1. 马克思关于社会变迁的核心内容是什么？
2. 简述社会指标体系的功能。
3. 简述现代化的主要特征。
4. 简述“世界体系理论”的基本思想。

（五）论述题

1. 影响社会变迁的因素有哪些？
2. 试比较功能主义与冲突论的社会变迁观。
3. 试论中国现代化的模式选择。

(六)材料分析题

1. 联系社会变迁的相关理论和内容，分析以下材料，并联系实际谈谈自己的观点。

30 年思想阅读折射中国社会变迁

王洪波

1978—2008 年的 30 年间，中国社会始终处于急速的变化之中。与此相伴，中国人的读书生活也不断变幻着场景和主题。30 年的阅读史，某种程度上就是一部思想史，也是一部社会变迁的历史。

中国社科院哲学所研究员徐友渔用“久旱逢甘霖”形容他对 1978 年的感受。“你无法想象那个时候人们对知识、对图书的渴求到了多么狂热的程度：新华书店门口总是排着长长的队，一本书在很多人中间传阅，很快变得破旧不堪。”徐友渔回忆说。

华东师范大学教授许纪霖对 1978 年最深刻的记忆则是大学校园里的“小书店”。“每天课余休息，只有十分钟时间，我几乎是以百米冲刺的速度跑了去，看有没有到新书。那时候，一本新书到书店里，过半天时间，甚至几个小时，就会被一抢而光。去晚了的话，就只有徒唤奈何了。”许纪霖说。

那时所谓的“新书”，其实主要是文革前出版的一些图书的重印本，像杨沫的《青春之歌》，巴金的《家》、《春》、《秋》等，还有苏俄文学，以及 18 ~ 19 世纪的西方文学名著。

在徐友渔看来，20 世纪 80 年代接续了五四时期的启蒙传统，是价值观的一场拨乱反正。那时，特别热闹的是关于人道主义的讨论，“人性”、“大写的人”、“个人的主体性”、“个人的自我设计”等成了人们常常挂在嘴边的词汇，随时随地都能引起一场争论。“存在主义是一种人道主义”，萨特、加缪的小说由此成为人们追捧的对象，存在主义成了许多年轻人的新信仰。徐友渔回忆说，柳鸣九那时写了本《萨特研究》，其实主要是资料性的、研究性的，但发行量非常大，而且还引来了思想比较左的一些人士的批判；甘阳翻译的《人论》其实是一本比较专门、难懂的哲学著作，但人们望文生义，以为它是一本谈人的书，结果这本书出版后一年内就印了 20 多万册。

20 世纪 80 年代另一个突出的特征是人们热衷于讨论宏大的问题，关心中国向哪里去的问题。中国社科院近代史所研究员雷颐回忆说，他那时读了大量东欧社会主义国家出版的思想著作，如南斯拉夫领导人卡德尔的《新南斯拉夫的道路》、德尔拉斯的《新阶级》，捷克经济学家奥塔·锡克的《第三条道路》，匈牙利学者科尔奈的《短缺经济学》等。“读这些书，可能还是想为中国的改革寻找一个参照，有很强的现实关怀的情结。”雷颐说。

“文化热”在20世纪80年代中期达到高潮，代表性的事件是三套丛书的出版。一是金观涛等编的“走向未来丛书”（四川人民出版社版），主要译介西方科学哲学等方面的一些著作，包括“老三论”、“新三论”等；二是甘阳等编的“文化：中国与世界”丛书（三联书店版），主要译介西方近代以来的哲学著作，如尼采的《悲剧的诞生》、海德格尔的《存在与时间》、萨特的《存在与虚无》、韦伯的《新教伦理与资本主义精神》、本雅明的《发达资本主义时代的抒情诗人》等；三是汤一介等编的“中国文化书院”书库，主要是对中国传统文化的介绍和弘扬。在那一时期，各种各样的理论思潮先后登场，各领风骚，“老三论”（系统论、信息论、控制论）热、尼采热、萨特热、海德格尔热……都曾席卷读书界，令读书人特别是青年学子为之疯狂。

“就阅读而言，20世纪80年代是一个充满激情、令人振奋的年代。那时，大家都读一样的书，知识结构也比较相似，所以能够在一起讨论和争论，非常热闹”，许纪霖认为，“但那时大家的知识准备并不够，读书往往不求甚解，所以经常游谈无根，还没有学理上的深入探究。另外，当时大多数人对传统文化是全盘否定的，这也存在很大问题。”

在许纪霖的印象中，20世纪90年代前半期，出版界、知识界曾经人心浮躁，“知识无用论”再度浮现，发财梦盘桓在每个人的心头，“那时出版了很多迎合市场的图书，而有品位、有价值的学术、思想图书既没有人写作和翻译，也没有出版社出版。这种情况持续到90年代中后期才有所改观。”许纪霖说。

而更为引人注目的是，知识界出现了巨大的分化。徐友渔认为，20世纪90年代以来思想文化图书的出版有几类最值得关注：第一是后现代思潮，“如果说20世纪90年代以后中国的出版和读书界还有什么公认的热门，那么非后现代主义作品莫属”。后现代主义在中国的传播始于杰姆逊20世纪80年代末应邀在北京大学作“后现代主义与文化理论”的专题讲座，但那时候影响还不大，大家只是觉得很新鲜。后现代大行其道是在20世纪90年代，像杰姆逊的《后现代主义与文化理论》、利奥塔的《后现代状况：关于知识的报告》都曾出过多个版本，其他后现代名著被大量引进，中国学者自己编著的著作也蔚为大观。第二是反现代化、反全球化、新左、批评西方霸权等思想倾向的著作大量出版，代表性的如华勒斯坦的《自由主义的终结》、乔姆斯基的《新自由主义和全球秩序》、萨义德的《东方学》和《文化与帝国主义》、贡德·弗兰克的《白银资本》和彭慕兰的《大分流》

等。“从心理上说，这些书籍更迎合中国读者的口味。不过也形成了一种不协调和张力：一方面是大力从事现代化建设和推行市场经济的国策与现实，另一方面却是对这些价值和目标的诘问和批判。”徐友渔说。第三类是与市场经济相配套的自由主义理念、宪政理念方面的图书，有代表性的图书包括哈耶克的《自由秩序原理》、波普尔的《开放社会及其敌人》，还有梁治平、贺卫方主编的“宪政译丛”等。

经历了20世纪80年代的“新启蒙运动”和90年代的分化与纷争，中国人迎来了阅读生活日益多元繁杂的新世纪。这早已不是30年前那个知识匮乏、一书难求的“短缺时代”，而是一个图书海量出版、读者不知该读什么书的“过剩时代”。“那时的痛苦是无书可读，而今的痛苦是无从选择。”许纪霖说。

如今的图书市场，一边是大量翻译出版西方最新的思想著作，一边是国学日益引起学界乃至普通大众的兴趣；一边是传播现代化和市场经济理念的图书不断问世，一边是批判市场化、反思现代性的图书拥有了越来越大的市场；一边是对时尚和新思潮的追逐，一边是怀旧情绪泛起，古典名著（如论语，如古希腊名著）勾起了更多人的阅读热情……多元乃至于互相矛盾的阅读现象同时上演，让我们几乎无法为当下描绘一个统一的阅读图景。“选择图书没有一个统一的标准，选择的权利只能留给读者”，雷颐、许纪霖均如此认为。

——王洪波. 30年思想阅读折射中国社会变迁. 中华读书报，2008-04-16（001）.

2. 请联系社会现代化的有关内容分析以下材料。

农民种地仅是“锻炼身体”？

李成刚　潘英丽

农业现代化的最终目的是农民富裕，但黑龙江农民人均纯收入还不及全国平均水平。仅从这一点上说，黑龙江的农业现代化道路还很艰巨。

黑龙江兰西县兰西镇李庆山一家4口人共14亩地，全家以种地为生，没有副业，农闲时就在当地劳动市场打打零工。

说起自家的生活，李庆山给《中国经济时报》记者算了一笔账：今年他种的地每亩能产约1000斤（每斤=500克，全书同）玉米，如果按规定收购价0.47元计算，每亩收入约500元，14亩地全年共收入7000元左右，扣除种子、化肥、人工、机械等成本，李庆山说，种地几乎就是“锻炼身体”。

让李庆山感到难过的是，今年收入铁定赶不上去年了。他说，主要原因是减产和粮价走低。往年玉米最高的产量是1200斤/亩，今年受气候影响产量不高。他向记者表示，现在收购点的粮食收购价格和国家标准差异过大。虽然国家近期提高了粮食收购价，玉米的国家标准应该是0.70元/斤，但当地粮食收购价规定是0.47元/斤。把粮拉到收粮点时，对方还只按0.42元/斤收购，卖不卖随便。多数农民表示，哪怕0.44~0.45元/斤也得卖，没有商量的余地。因为不卖出去就还不了贷款，也买不了明年的种子和化肥。

记者了解到，也有面对两难的农民选择不卖粮，自己先囤着，解决口粮问题，等到开春后寻找可以讨价还价的零散收购商，或是等粮食行情好转时再卖。

黑龙江省有人提出用10年时间"率先实现农业现代化"，而摆在他们面前最直接的问题，就是如何实现农民富裕。据该省调查总队预测，黑龙江农民人均纯收入今年可增加12%以上，有望达到4500元，而2007年黑龙江农民人均纯收入是4221元。这一数字，低于全国平均水平。

实现农业现代化的根本目的是提高农民收入，实现农民富裕。显然，从这个角度看，黑龙江面临的难题异常艰巨。

对黑龙江来说，问题的严峻性还在于，农民增收难的现状到目前仍未有好转的趋势，甚至还在恶化。据黑龙江省社科院调查，黑龙江城乡居民人均占有的社会消费品零售额差距在扩大。2007年1~9月，黑龙江城乡居民人均占有的社会消费品零售额为2.96:1，与上年同期相比，差距扩大了2.4%。消费水平降低的最根本的原因就是农民现金收入没有实质性增长。

面对本省农民增收难的现实，黑龙江省社科院认为，主要原因是农民收入的来源结构失衡：一方面，农民的工资性收入比重过低，在现有的生产能力和粮食价格条件下，仅靠种地很难实现增收。据调查，2007年1~9月，黑龙江省农民人均工资性收入为549元，占同期全部人均现金收入4419元的12.4%。与2006年全国农民工资性收入比重（31.9%）比较，低于全国平均水平19.5个百分点，只及全国比重的38.9%。另一方面，农民的工资性收入比重还在呈下降趋势。2007年1~9月与上年同期比较，黑龙江省农民人均工资性收入占全部现金收入的比重由13.4%降为12.4%，下降了1个百分点。

2007年1~9月，黑龙江农民家庭来自第一产业、第二产业和第三产业的现金收入比重为96.1:0.5:3.5。与2006年全国同口径指标（77.1:7.1:15.8）比较，第一产业收入比重高于全国同口径水平19个百分点，为全国的124.6%；第二产业收入比重低于全国同口径水平6.6个百分点，仅为全国的7%；第三产业收入比重低于全国同口径水平12.3个百分点，仅为全国的22%。

李庆山告诉记者，自己没有什么文化，也从没参加过农业科技培训，而且，他也“没想过改变”。

一方面，黑龙江农业产业化程度低导致农民收入仅能靠种地卖粮；而另一方面，农村劳动力教育水平低又使得改变现状更加困难。黑龙江省政府副秘书长金济滨对《中国经济时报》记者说，黑龙江省农村劳动力平均教育年限不足7年，在全省农村劳动力中，文盲、半文盲占3.2%，小学文化程度的占28.3%，初中文化程度的占58.3%，高中及中专以上文化程度的仅占9.3%。经过培训，掌握非农专业技能的外出农民仅占外出劳动力的17%。

比如李庆山，他至今也没使用过大型农业机械，甚至不知道国家对农民购买大型农业机械还有补贴。

“农民素质整体状况与党的十七大‘培育有文化、懂技术、会经营的新型农民’的新要求还有较大差距。”金济滨说。

——李成刚，潘英丽．农民种地仅是“锻炼身体”?．中国经济时报，2008－12－17（007）．

五、参考答案要点

（一）单项选择题

1．B　2．C　3．D　4．D　5．A　6．D　7．B　8．A
9．C　10. C　11. A　12. B　13. A　14. B　15. C　16. A
17. D　18. C　19. D　20. C　21. A　22. B　23. B　24. C
25. C　26. A　27. D　28. C

（二）多项选择题

1．AB　2．ABCDE　3．ABCE　4．CE　5．ABDE
6．ACE　7．ABCD　8．CE　9．ABCDE　10. ABCD
11. ABDE　12. BCDE　13. ABCDE　14. ABCD　15. ABDE
16. ABCDE

（三）辨析题

1．答：错误。社会变迁是指关于社会的一切变化，特别是社会结构、社会制度方面的变化。社会变迁的内容十分广泛，包括宏观的如人类社会形态的变化、国家的治乱兴衰，中观的如社会结构的重大调整、社会制度的变化，微观的如人们行为方式和行为规范的变化等。而并非只是关于社会形态或社会制度的比较大的方面的变化。

2. 答：错误。科学技术的发展的确能够影响社会变迁。但如果对科学技术过分使用或者非和平使用，就不利于人类社会的和谐与进步，反而会给社会造成威胁。

3. 答：错误。人们通常所说的现代化实际上包含了人类思想和行为一切领域的变化，其组成部分至少包括工业化、城市化、专业化、高水平的社会分化和流动、科层化、参政范围的扩大、文化的世俗化、行为的理性化等，是一个全面、系统、普遍发生的社会变迁过程。工业化只是现代化的一个方面。

4. 答：错误。由于各个国家的社会历史条件不同、面临的内外环境不同、社会结构的差别以及现代化的起点不同，发展中国家不可能完全照搬西方发达国家的现代化模式。因此发展中国家的现代化绝非西方化。

（四）简答题

1. 答：马克思关于社会变迁的核心内容主要包括以下四个方面：

（1）认为社会变迁的根本动力是生产力与生产关系的矛盾，生产力是最活跃的因素，生产力的发展会带来生产力与生产关系的矛盾，生产关系应该适应生产力的要求，当生产关系不适应生产力发展的要求时，就会带来生产方式的变革。

（2）生产关系的总和构成经济基础，经济基础的变化会带来建立于其上的政治、法律等上层建筑的变化。社会存在决定社会意识。意识及其冲突的根源在于物质生活中的矛盾。上层建筑对经济基础具有反作用。

（3）社会变迁具有整体性特征，经济基础的变化会带来整个社会的变化。

（4）人类社会的变迁在总体上具有发展的特点，即由低级向高级发展。社会的发展最终由生产力的发展推动。

2. 答：①系统地反映社会状况。②进行社会计划。③监测和预测社会的变化。④对社会状况进行比较和评价。

3. 答：①现代化是一个剧烈的转变过程。②现代化是一个系统的变革过程。③现代化是一个由于某些偶然因素而首先在西方国家发生的过程。④现代化是一个全球化的过程。⑤现代化是一个趋同化的过程。⑥现代化是一个功过并存的过程。

4. 答："世界体系理论"的创立者是美国学者沃勒斯坦，其基本思想如下：

（1）整个世界是一个以经济为实体、以世界性区域分工为基础的"资本主义世界经济体系”，它随着资本主义的发展逐步形成，有自己的整体运行规律。

（2）在“世界体系”中，各个国家或地区由于经济地位不同而分属于核心、半边缘和边缘。

（3）所谓发展，就是改变在世界体系中的位置，从边缘位置向半边缘位置或从半边缘位置向核心位置升迁。

（五）论述题

1. 答：影响社会变迁的因素主要包括以下五个方面。

（1）环境的变化。人类生活与自然环境有直接的联系，自然条件的优劣会直接影响人类的生活和社会状况。自然环境的重大变化会引起社会的变迁，如各种严重的自然灾害对局部社会的破坏性影响巨大。

（2）人口变动。人口是社会构成的基本要素，人口的数量、质量和结构的变化会对社会变化发生多方面的影响。如持续的高生育率会产生大量新生人口，提高社会抚养比，进而会影响社会的就业、家庭结构等。再如，人口的大迁移、性别结构、老龄化等对社会的影响也很大。

（3）科学技术的发展。无论是农业社会还是工业社会，科学技术已经成为人类社会开发自然、为自己谋福利的手段。科技的每一次大的进步都会大大改变人类社会的面貌。科技的发展和应用不但会影响人类社会的生产和生活，而且在一个社会中，对科学技术的占有也会导致社会结构的变化。

（4）社会生产力的变化。生产力是参与社会生产和再生产过程的物质和技术要素的总和，它以劳动者、劳动工具和劳动对象为基本要素。一个社会的生产力巨大增长的话，就会满足人们生活的需要，促进社会的发展；而如果一个社会生产力停滞，社会发展也会处于停滞状态。另外，生产力和生产关系还会形成某种适应或张力关系，并推动社会的变化。

（5）社会价值观念。社会价值观念对社会变迁的影响表现为价值观念的变化对人们的行为和社会进程的重要影响。当人们信奉了一种新的价值观之后，人们的行为就会发生变化，而当这种行为的变化普遍化时，社会变迁就比较明显。

2. 答：（1）功能主义的社会变迁观。功能主义主要从社会的每一个部分都有其功能的角度，分析社会结构和它们的联系。功能主义的社会变迁观以帕森斯的社会变迁理论为代表，帕森斯用进化来解释社会变迁，提出社会的进化由分化开始，由单一结构、功能多样的单位分解为结构复杂、功能专一的单位。这种分化会提高社会的适应力。分化和适应力提高带来系统的新的整合问题，而对新单位的包容是达到整合的途径，同时，价值的普遍化即对新单位的承认或给予合法化，有利于消除系统内部结构之间的冲突。帕森斯认为，经过上述过程，社会发生了进化。后来的新功能主义社会学家对帕森斯理论进行了补充，将差异性分析引入社会变迁分析，超越了进化论的解释，强调了具体群体和社会冲突对分化过程的影响，把个人与群体的能动作用、利益与冲突引入分化理论。

（2）冲突论的社会变迁观。社会冲突论是着眼于社会中的矛盾、冲突、不平等来解释社会的结构和变迁的理论。传统的社会冲突论以马克思、韦伯和齐美尔为代表。马克思强调由于生产资料占有的不平等和剥削形成阶级斗争，而阶级斗争在社会变迁中发挥着巨大的推动作用。现代冲突论的代表是达伦多夫，与马克思不同，他把冲突看成是权力占有方面的冲突。达伦多夫认为，在现代社会中围绕着权力和权威形成统治阶级和被统治阶级，压迫和强制是普遍现象，社会冲突的结果会引发社会结构的变迁，特别是权威结构的变迁。总的来说，冲突论的社会变迁观认为每个社会的每个方面都处于变迁之中，社会变迁是普遍的。每个社会的每个方面都时刻在经历冲突，社会冲突是普遍的。社会中的每个成员都对社会的瓦解和变迁积极反应，每个社会都是以一部分成员对另一部分成员的压制为基础的。

（3）综上所述，传统功能主义的变迁观和传统冲突论的变迁观实际上被后来的学者们不断修正和补充，它们为我们分析社会结构和社会变迁提供了不同的角度。

3. 答：（1）首先，中国是一个典型的后发展国家，一般后发展国家现代化过程的特点，中国都具有。而一般后发展国家现代化过程最基本的一个特点就是：只有当一个统一的、强大的国家政权建立起来，并能够对整个社会运行和变迁过程进行广泛控制和指导，其现代化过程才会获得一定的成功。因此可以说，中国在20世纪50年代以后走上的以国家主导为特点的社会主义现代化道路，是与中国这个“后发外生型”现代化国家的现代化过程最初的制度需要相吻合的。

（2）一般说来，经济发展水平越低下，现代化过程开始的时间越滞后，其所遭遇的内外矛盾越尖锐，由国家来组织、推动过程的需要、压力和必要性也越高，在日常社会生活中，国家所起的作用也越大，对社会过程的控制程度也就越高。所以经过多年的摸索，中国终于选择了相对而言国家在社会过程中所起作用最大、对社会过程控制程度最高的“社会主义现代化”模式。

（3）在中国的现代化进程当中，国家对社会经济过程的直接介入是阶段性的而不是永恒的。在现代化进程之初，生产建设以基础性建设为主，资金供求关系差距大，民间力量一般难以承担，因而国家对社会生产的直接控制和管理既有必要也有实效。但随着工业化程度的提高，社会生产规模的扩大，结构的日益复杂，许多基础性建设的基本完成，国家直接控制和管理社会经济的必要性和效率就会下降。此时国家对社会生产的直接介入就会成为现代化的阻碍因素。因此，当现代化推进到一定程度时，弱化国家对社会经济的直接控制，增加个人和社会组织的自主权，就显得尤为必要。此即1979年以后我国进行体制改革的主要原因。

(4) 总的说来，中国作为一个后发型现代化国家，在现代化的战略选择上，必然会受到相关国际思潮的影响，借鉴和吸收早发展国家的经验和教训，这样可以少走弯路。但是，中国还是应该根据本国的实际情况慎重选择合适的现代化发展战略。

(六) 材料分析题

1. 答：(1) 材料一是从中国人30年来阅读生活的变化这个微观的角度反映了30年来中国的社会变迁。

(2) 在社会学上，社会发生的一切变化称为社会变迁，特别是社会结构、社会制度发生的变化。社会变迁的内容非常广泛，我们可以从宏观、中观和微观来理解社会变迁。宏观和中观的变化是社会从一种形态和结构形式向另一种形态和结构形式的变化，而微观的变化也具有社会意义，它们具体地反映了社会的变化。所以，社会学家把所有反映社会变化的现象作为自己的研究对象。正如材料中所记叙的从1978年到2008年，中国人的阅读史从“解冻”到“启蒙”，再到“分化”，最后到“多元”，这段历史反映了中国人的阅读生活以及图书市场从“冰冻”到“解冻”、从“单一”到“多元”的变化，属于微观领域的社会变迁。其实质是中国从计划经济到市场经济的体制转型背景下的中国人阅读取向、社会心理的一步步变化，也折射出中国人30年来价值观念的转向。30年来的社会变迁是剧烈的，它主要是基于人们价值观念的转变，人们根据自己的意愿和设计而推动的社会变迁，因此在类型上应属于有计划的社会变迁和社会进步。

(3) 根据马克思的社会变迁理论，社会变迁具有整体性的特征，经济基础的变化会带来整个社会的变化；经济基础的变化会带来上层建筑的变化，上层建筑对经济基础具有反作用。而开始于30年前的经济体制的改革，其影响扩散到人们社会生活的各个领域包括材料中反映出来的文化层面，并带来这些领域的变化。反过来，文化领域的变化又影响着改革的进度和方向。

2. 答：（1）材料二反映了黑龙江省农民由于产业化程度和教育程度偏低而导致缺乏工资性收入、农业收入占收入的绝大部分、农业现代化道路艰巨的问题。其实，同样的问题也困扰着我国其他一些省市。

（2）材料指出，实现农业现代化的根本目的是提高农民收入，实现农民富裕。我们知道，狭义现代化指的是18世纪（尤其是工业革命以后）从欧洲起源，之后扩散到全球的、一种建立在工业化基础之上的新的社会生活或组织模式，是社会在日益分化的基础上，进入一个能够自我维持增长和自我创新，以满足整个社会日益增长的需要的全面发展过程，是从“传统社会”向这种新型的“社会生活或组织模式”转变的过程。而要做到使农民增收、实现农民富裕，必须不断提高农民的素质，走农业产业化的道路，实现从传统农业到现代农业的转型。目前，我国还有9亿农民，其中相当一部分都像材料中所描述的那样，主要从事农业生产，缺乏工资性收入，教育程度低，远没有实现农业产业化。而没有实现农业的现代化，也就谈不上社会的全面现代化。

（3）在现代化的进程上，我国是一个典型的后发展国家，拥有后发展国家的特点，比如资金供给的不足和制度的滞后问题。因此，要实现农业现代化，除了不断提高农民素质之外，还应由国家主导和地方带动，不断增加对农业产业化的投入，制定出一些有利于农业发展、农民增收的制度性措施，为农业现代化创造新的条件。

第十章　社会调查研究方法

一、学习目的和要求

通过本章的学习，学生应掌握社会调查的概念、方法体系，其中方法体系包括三个层次。掌握社会调查研究的一般程序，在调查研究的选题阶段，要注意调查研究的必要性和可行性，了解一项调查研究提出研究假设的必要性。掌握几个基本概念，如操作化、信度和效度。掌握几种常用的调查方式和方法，如全面调查、抽样调查、典型调查、个案调查，要能够运用问卷法、访谈法、观察法、文献分析法等资料收集方法进行调查研究；了解如何撰写调查报告，熟悉调查报告的一般结构。对以上方法要熟练掌握，能够自己设计一个调查研究。

二、内容提要

社会调查研究是运用科学的方法，系统、直接地收集有关社会现象的真实情况，并对所得资料进行整理、分析，科学地阐明社会的状况及其变动规律的认识活动。社会调查的方法体系分为三个层次，第一层次是方法论，这是认识论、社会理论在社会调查中的应用。第二层次是调查研究的方式和方法，它是调查研究中收集资料的行为类型或模式。第三层次是具体技术，它是收集、整理和分析资料的实用技巧。社会调查的一般程序包括选题、准备调查、实施调查和分析总结几个阶段。进行调查前的准备工作包括确定题目、提出研究假设、进行概念和课题的操作化、确定调查方式和方法、挑选和培训调查员、联系调查对象和相关人员、制定具体调查方案等环节。调查方式主要有：全面调查、抽样调查、典型调查、个案调查，资料收集的方法主要有问卷法、访谈法、观察法、文献分析法。

三、重点、难点问题解析

（一）提出研究假设的重要意义

提出研究假设是一个调查研究的必要步骤，具有重要意义。第一，研究假设明确了本次调查研究所有要解决的主要问题，指出了调查研究的努力方向。第二，好的研究假设可以避免收集资料的片面性和盲目性，提高调查过程的效率。第三，研究假设还是设计调查方案的依据，它实际上对整个调查研究起着指导作用。研究假设有助于把握研究的方向，不至于偏离研究主题。

研究假设的提出要注意以下原则：①假设不能与已有的资料相矛盾，即不能与事实相悖；②假设的文字表达力求简洁、明白、准确；③假设中不应该包括不能明确解释的概念，太抽象、不能被经验验证的概念不应进入假设；④假设本身不应有逻辑上的矛盾。

（二）测量的信度和效度

信度和效度是用来测量调查工具和调查结果的准确性的两个指标。信度是用来测量调查工具可靠性的指标，指人们采用同样的方法和指标去重复测量同一对象时，所获结果的一致程度。效度是指测量的准确性和有效性，即测量工具能够准确测出调查对象特征的程度。信度和效度既有联系，又相互制约，有信度不一定有效度，有效度则一定有信度。

（三）问卷设计中应该注意的问题

问卷法可以说是现在社会学调查研究中运用得最多的一种方法，因此，在设计问卷时要特别注意，一份问卷不要设计得太长，最好能控制在45分钟以内。另外还要注意以下问题：①提问的语句要通俗易懂、简明扼要。②要一事一问，避免带有双重含义。③提问题不要有倾向性的引导。④提问不要带有胁迫性，不要问政治敏感、文化禁忌方面的问题。⑤不要直接问问题，应先从简单易答的问题开始。⑥不要问超出调查对象知识范围的问题。⑦选项设计要做到穷尽，选项之间要能够互斥，不能相互包含。

（四）如何撰写调查报告

调查报告是用来反映社会调查研究成果的书面报告，是以文字的形式将调查研究的过程、方法和结果告诉有关读者的手段。调查报告的一般结构包括：开头是导言，交待调查的目的、意义和调查研究所使用的方法。接着是正文部分，展示调查的资料，进行分析。最后是结论，指出本研究的主要发现。在撰写调查报告时，要注意以下几点：第一，主题突出，层次分明。第二，尊重事实，科学地运用资料。第三，概念明确，推理正确。第四，语言生动，文章精练。

四、练习题

（一）单项选择题（从给出的4个备选答案中选出1个正确答案并将其填入题干后的括号里）

1. 社会调查研究是从哪里直接收集资料的？（　　）

A. 来源于历史资料

B. 直接来源于现实生活

C. 来源于访谈

D. 来源于报纸、杂志

2. 社会调查研究采用什么方法进行研究？（　　）

A. 历史研究方法

B. 资料分析法

C. 科学的方法

D. 内容分析法

3. 提出关于社会变动的原因或内部关系结构的推测性判断是哪种研究假设？（　　）

A. 预测性假设

B. 描述性假设

C. 演绎性假设

D. 解释性假设

4. 把抽象的概念具体化，使之变为经验层的、能够直接测量的概念过程是（　　）。

A. 信度

B. 操作化

C. 效度

D. 实证方法论

5. 信度是指调查指标的（　　）。

A. 可靠性

B. 有效性

C. 准确性

D. 精确性

6. 测量工具能够准确地测出调查对象特征的程度指的是（　　）。

A. 效度

B. 信度

C. 操作化

D. 描述性假设

7. 一个人的体重实际为50公斤（1公斤=1千克，全书同），在同一磅秤上反复测量都是60公斤，这说明（　　）。

A. 测量工具和结果有信度，但无效度

B. 测量工具和结果有效度，但无信度

C. 测量工具和结果既有信度，又有效度

D. 测量工具和结果既无信度，又无效度

8. 对于信度和效度的关系，下列说法错误的是（　　）。

A. 有信度就一定有效度

B. 有效度就有信度

C. 有信度不一定有效度

D. 信度和效度可以一致

9. 从研究总体中抽取部分对象进行调查，并用样本资料去推论总体的调查方法是（　　）。

A. 全面调查

B. 典型调查

C. 抽样调查

D. 个案调查

10. 要了解成都市大学生的消费情况，采用（　　）调查方式成本较低，又能尽量全面地反映情况。

A. 全面调查

B. 典型调查

C. 抽样调查

D. 个案调查

11. 简单随机抽样也叫（　　）。

A. 等距抽样

B. 纯随机抽样

C. 分层抽样

D. 整群抽样

12. 先把总体单位按某一特征进行分类，然后再从各类中随机抽取样本单位，这种抽样方法叫做（　　）。

A. 等距抽样

B. 纯随机抽样

C. 分层抽样

D. 整群抽样

13. 在访谈中按照事先制定的调查提纲进行，在调查中对问题的解释和说明也是标准的，这是哪种类型的访谈？（　）

A. 结构性访谈

B. 非结构性访谈

C. 访问

D. 座谈

14. 在问卷设计中，把所要了解的问题和可能的答案全部列出来的问卷形式，是哪一类型的调查问卷？（　　）

A. 开放式问卷

B. 封闭式问卷

C. 自填式问卷

D. 访问式问卷

15. 在一份调查问卷中有这样一个问题："请问你们夫妻都赞成戒烟吗？"这个问题犯了问卷设计中的哪种错误？（　　）

A. 提问语句过于繁琐，不够简洁

B. 带有双重含义

C. 带有价值倾向性的提问

D. 超出了调查对象知识范围的问题

16. 研究者在某种程度上置身于观察对象的环境和社会活动中，使自己成为被研究群体中的一员的观察方法是（　　）。

A. 非参与式观察

B. 参与式观察

C. 结构式观察

D. 非结构式观察

17. 关于观察法的优点，下列说法错误的是（　　）。

A. 可以准确地记叙发生的事情，获得的资料比较详细

B. 可以量化，便于定量分析

C. 获得资料一般不受观察对象能力的限制

D. 观察法简便易行，灵活性较大

18. 文献法是用什么资料来进行分析和研究？（　　）

A. 第一手资料

B. 实地调查资料

C. 直接访谈资料

D. 第二手资料

19. 在对调查问卷资料进行统计分析时，首先要做的是（　　）。

A. 录入

B. 汇总

C. 撰写调查报告

D. 编码

20. 在资料的统计分析中，如果一个变量增加，另一个变量也随之增加，此种相关关系叫做（　　）。

A. 单相关

B. 复相关

C. 正相关

D. 负相关

（二）多项选择题（从给出的5个备选答案中选出2~5个正确答案并将其填入题干后的括号里）

1. 社会调查研究的特点有哪些？（　　）

A. 直接从社会现实中收集资料并对之进行分析

B. 需要多人参与

C. 科学的方法

D. 以认识社会现象的规律为目的

E. 需要田野考察

2. 社会调查研究方法体系有哪三个层次？（　　）

A. 方法论

B. 内容分析

C. 调查研究的方式与方法

D. 调查地点的选择

E. 调查研究的具体技术

3. 社会学研究方法论主要有哪几个？(　　)

A. 人类学方法论

B. 实证主义方法论

C. 人文主义方法论

D. 马克思主义方法论

E. 历史方法论

4. 社会调查研究的一般程序有哪几个阶段？(　　)

A. 选题阶段

B. 资料汇总阶段

C. 准备阶段

D. 实施调查阶段

E. 分析总结阶段

5. 研究假设一般有哪几种形式？(　　)

A. 描述性假设

B. 解释性假设

C. 预测性假设

D. 归纳性假设

E. 演绎性假设

6. 社会调查的四种基本方式是（　　）。

A. 全面调查

B. 抽样调查

C. 典型调查

D. 个案调查

E. 民意调查

7. 关于信度与效度的相关关系，下列说法正确的是（　　）。

A. 信度与效度之间没有相关关系

B. 信度与效度既有联系又相互制约

C. 有信度的测量不一定有效度

D. 有效度的测量必定有信度

E. 有效度不一定有信度

8. 社会调查研究收集资料的方法有哪几种？（　　）

A．访谈法

B．典型案例法

C．问卷法

D．观察法

E．文献法

9. 下列关于访谈法的准备和技巧，哪些是正确的？（　　）

A．从调查对象关心的话题开始，逐渐引入正题

B．控制话题，避免话题离题太远

C．提前到场，不要迟到

D．提前做好准备，约定时间和地点

E．注意使用合适的谈话方式，包括姿势、语气、表情

10. 问卷由哪几部分组成？（　　）

A．封面信

B．问题

C．答案

D．开放式问题

E．封闭式问题

11. 问卷的问题和答案是其主体部分，它们主要包括哪几个方面的内容？（　　）

A．调查对象的看法和想法

B．调查对象的基本资料

C．调查对象的地址和联系方式

D．有关行为方面的问题

E．有关态度方面的问题

12. 下列关于问卷设计中要注意的问题，哪些是正确的？（　　）

A．提问避免带有双重含义

B．提问题不应该带有倾向性，不要误导被调查者

C．不要提胁迫性问题

D．不要直接提敏感性问题

E．不要问调查对象超出其知识范围的问题

13. 观察法有哪些优点？（　　）

A．可以准确地记叙发生的事情，获得的资料比较详细

B. 可以量化，便于定量分析
C. 获得资料一般不受观察对象能力的限制
D. 观察法简便易行，灵活性较大
E. 标准化程度高

14. 调查报告通常包括哪几个部分？（ ）
A. 调查报告的题目
B. 导言部分
C. 报告的正文部分
D. 图表部分
E. 结尾部分

15. 下列关于社会调查研究方法的描述中正确的有（ ）。
A. 社会调查研究实际上由社会调查和研究两个相连的活动组成
B. 社会调查研究是理论、方法和技术的结合
C. 社会学经验研究通常包括选题阶段、准备阶段、实施阶段和总结阶段等
D. 一切规范的问卷，都应由封面信、问题和答案几部分构成
E. 社会调查研究的方法体系包括方法论、研究的方式和方法、具体的技术三个层次

（三）辨析题（判断正确或错误并简单地说明理由）

1. 做一项调查研究，选题只要自己感兴趣就可以了。
2. 做一项调查研究，选好题目就可以直接开始调查。
3. 操作化就是实施一个调查的过程。
4. 信度是指测量工具能够准确测出调查对象特征的程度。

（四）简答题

1. 调查研究的方法体系有哪几个层次？
2. 研究假设对于一项调查研究有什么重要意义？
3. 提出研究假设有哪些原则？
4. 问卷由哪几部分组成？

（五）论述题

1. 试述几种主要的调查方式。
2. 收集资料的方法有哪几种？
3. 如何撰写调查报告？

（六）材料分析题

1. 阅读下面材料，指出其在问卷设计中出现的问题。

下面是某高校团委对学生思想动态进行的一次问卷调查的报告中的一部分。

（1）同学们每个月的生活费：

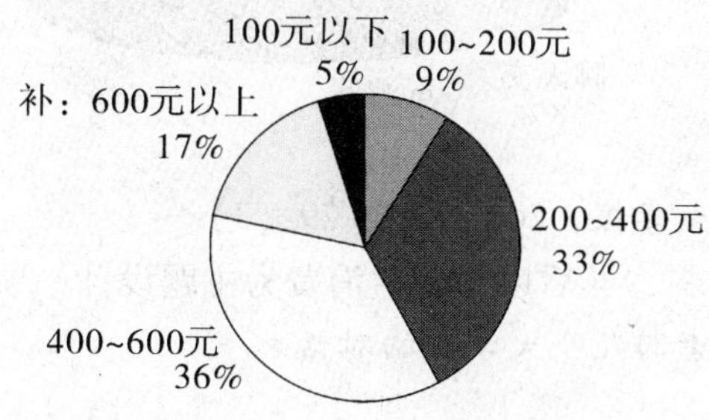

（2）被调查同学的家庭状况：

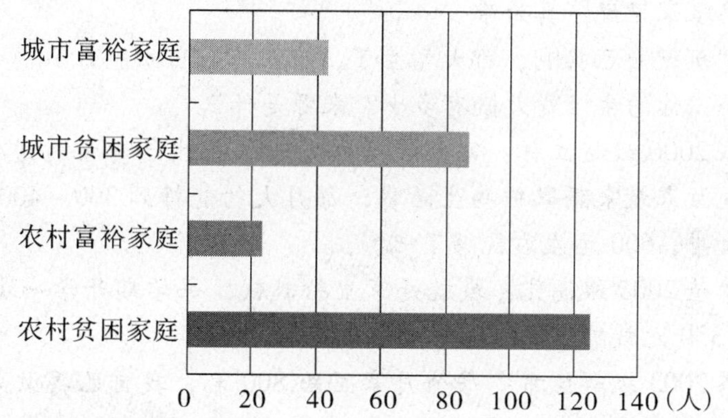

（3）同学们入党的目的：

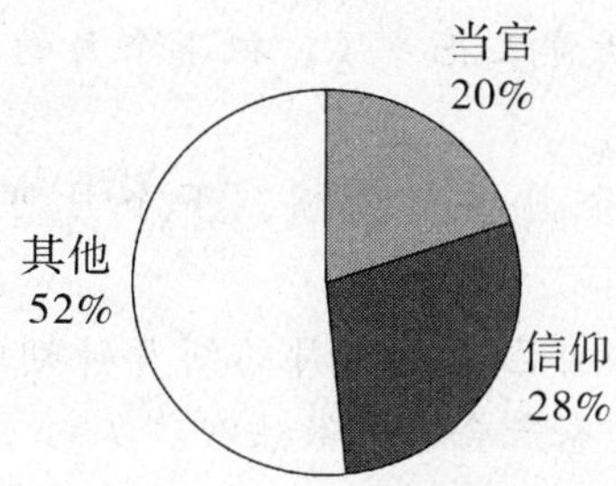

(4) 同学们上网的目的:

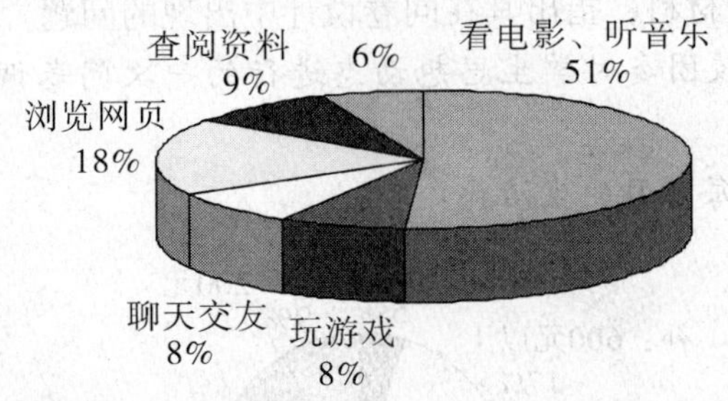

——西南财经大学报，2007-04-29 (3).

2. 阅读下面材料，然后以大学生消费为主题设计一项调查研究。

以下内容是记者与几个大学生的对话

对话一：

——“唉，我感觉每个月只靠家里给我的那点生活费根本就不够啊，又不好意思跟家里说，真为难……”

——“那就自己挣啊，都大学生了，应该有点自立能力了。”

问题一：你的生活费大概有多少？来源是什么？

英语系2006级赵立林：家长在开学的时候把生活费都打进银行卡了，但我自己也做家教来赚取一些生活费，每月大约能挣到300~400元。每个月如果没大事，600元左右就够了吧。

水产养殖2005级高亢：我就是家里给我钱，每学期开学一块带来，一个月300~350元就够了。

英语系2003级解佳希：每个月家里给800元，我自己再做兼职挣200元左右。

对话二：

——“我这个月生活费又花多了，把下个月的都花了，唉，下个月又要忆苦思甜了！”

——“嘿嘿，我这个月很节省噢，下个月可以过好日子啦，别羡慕噢！”

问题二：会在月初给自己制订本月的消费计划吗？会不会出现结余或短缺的情况？怎样应对？家长会有何做法？

工商管理2006级祝风甲：会有一个大概的计划，比如拿150~200元吃饭，其余留作零花，但是临时会变。即使会有结余，我也会把它花完，因为不用完难受。哈哈！

法语系 2006 级卞婉玉：我也会给自己一个规定，但通常不会出现有结余的情况，也就是说一般都会花超（笑）。即使有结余，也会在月底花出去，比如买点可买可不买的小东西给自己。预留的生活费如果实在不够就再跟家里要，家里还会给的。

文化产业管理 2006 级郑婷：我每个月都记账，但生活费还是有增无减。电话费逐渐成为新的支出增长点，我在买衣服方面的花销也在增长。所以我每个月基本上没有结余，这种情况下，我通常就是往家里打电话，让家里再给我往卡里打钱。

同样，没有月初计划的同学也不在少数。英语系 2006 级赵立林就是其中的一位："也没什么计划不计划的，就那样花呗。有时也不知道钱怎样花了，因为父母是把这学期的生活费一起给我的，所以现在已经感觉到这个学期的生活费不够了。但我不会再跟家里要了，自己会节省一点。"同样，来自工商管理系 2006 级的崔怀生则表示："我没有明确的开销计划，从开学到现在，我都记不清钱花在哪些地方了。不过我把生活费控制得很好，电话费也很少，最让我难以控制的恐怕是上网的费用了，不过我还是不会经常向家里要钱的。"

对话三：

——"你说我这钱都怎么花了呀，整天都去排队取钱，却不知道钱去哪儿了！"

——"我也是啊，老想买几本好书看看，可真正决定要买的时候却发现口袋里没钱，真郁闷！"

问题三：生活费都是怎样安排的？精神消费能占多少？

从同学们的回答来看，吃饭是生活费中必然会消费的部分，它的数目一般保持在 100 ~ 200 元之间。其次，随着时代的发展，手机费也成为了同学们开销的一个重要方面。国际经济与贸易系 2004 级王国栋说："我的手机费应该不算多，基本上每个月 70 ~ 80 元之间，多的同学可能会上几百呢。"在男女生花费的区别上，解佳希说道："女生嘛，都爱漂亮，肯定在服装和化妆品上花得比较多，而且，现在的攀比之风越演越烈，有的人非名牌不穿，这开销肯定就大了呀！男生应该花在上网打游戏上吧。据说，有的人一个月会花 200 元在网费上！"对于低年级与高年级同学花费的区别，解佳希同学表示："大一、大二的学生主要花费应该在粮食上，像我们这种大四的学生因为要找工作嘛，就会买一些服装。其次，交培训费和考各种各样的试所需费用也是很大的一块儿。"

在精神消费方面，大家均表示只会占生活费的 10% 左右。"我在购买书籍方面，不会花太多的钱，主要就在学日语上花一点钱。”数学系信息与计算科学专业2006级安宝玲说。王国栋同样表示：“我的物质与精神消费比应该是8:1吧。小说我会到图书馆借，买的话会买我想收藏的书，比如具有批判性的那种，一个月可能50元左右吧。”

问题四：你觉得现在大学生的消费合理吗？能谈一下你对当代大学生消费观的看法吗？

“我觉得，很多大学生的消费观是不合理的。”解佳希同学说道，“特别是很多谈恋爱的人，他们只会把钱用在一起玩乐上，很少会一起看书啊什么的。”而更多的同学则表示觉得自己花钱挺合理的。孙同学说：“我觉得我不会乱花钱，能省则省，要是这个月买了诸如衣服之类的大件时，就会在其他方面注意节省一些。”2004级日语系的两名同学也觉得“我们周围的同学消费都挺合理的，毕竟是大学生嘛，应该都清楚什么该花，什么不该花吧。虽然那种很奢侈的人也有，不过还是少数。”另外，卞婉玉同学提出了一个独到的观点：“不能刻意减少一些必须消费来增加一些可有可无的消费，像有的同学不舍得吃饭，每顿尽量少吃甚至不吃，把省下来的钱用来打电话、买衣服等，这样是很不可取的，毕竟身体是革命的本钱。”

——胡城城，王楠楠．让钱包不再难过——中国大学生消费现象调查．观海听涛新闻网，2008－12－05.

五、参考答案要点

（一）单项选择题

1. B　2. C　3. D　4. B　5. A　6. A　7. A　8. A
9. C　10. C　11. D　12. C　13. A　14. B　15. B　16. B
17. B　18. D　19. D　20. C

（二）多项选择题

1. ACD　2. ACE　3. BCD　4. ACDE　5. ABC
6. ABCD　7. BCD　8. ACDE　9. ABCDE　10. ABC
11. BCD　12. ABCDE　13. ACD　14. ABCE　15. ABCDE

（三）辨析题

1. 答：错误。

（1）选题对于一项调查研究具有十分重要的意义，它关系到研究是否能够顺利进行，也影响到研究成果是否有意义。

（2）一项调查研究的选题除了研究者有兴趣，还必须要考虑其可行性和必要性。必要性是指选题要有意义，不是对前人研究的简单重复。可行性要考虑调查实施的人力、物力、财力，以及研究者所掌握的知识和技术。

2. 答：错误。

（1）一项调查研究题目确定好了之后，还有很多准备工作要做。

（2）需要对所要研究的内容提出研究假设。

（3）对所有研究的概念和命题进行操作化定义，把抽象的概念具体化，使之变为经验层的、能够直接测量的概念的过程。

（4）确定调查的方式和方法。

3. 答：错误。

（1）操作化是指命题和概念的操作化，即把抽象概念具体化，使之变为经验层面的、能够直接测量的概念的过程。

（2）操作化也包括研究课题的操作化，主要指围绕假设或问题使调查研究系统化，变得具体可行。具体表现为调查提纲的拟订、调查表格的设计和指标的设计。

4. 答：错误。

（1）信度和效度是用来测量调查工具和调查结果的准确性的两个指标。

（2）信度是用来测量调查工具可靠性的指标，指人们采用同样的方法和指标去重复测量同一对象时，所获结果的一致程度。

（3）效度是指测量的准确性和有效性，即测量工具能够准确测出调查对象特征的程度。

（四）简答题

1. 答：社会调查研究的方法体系分为三个层次。第一层次是方法论，它是认识论、社会理论在社会调查中的应用。第二层次是调查研究的方式和方法，它是调查研究中收集资料的行为类型或模式。第三层次是具体技术，它是收集、整理和分析资料的实用技巧。

2. 答：研究假设对于一项调查研究有重要意义：第一，研究假设明确了本次调查研究所要解决的主要问题，指出了调查研究的努力方向。第二，好的研究假设可以避免收集资料的片面性和盲目性，提高调查过程的效率。第三，研究假设还是设计调查方案的依据，它实际上对整个调查研究起着指导作用。

3. 答：①假设不能与已有的资料相矛盾，即不能与事实相悖；②假设的文字表达力求简洁、明白、准确；③假设中不应该包括不能明确解释的概念，太抽象、不能被经验验证的概念不应进入假设；④假设本身不应有逻辑上的矛盾。

4. 答：一份问卷由封面信、问题和答案几部分组成。封面信是一封写给调查对象的短信，是向他们介绍此次调查的目的、意义，以取得对方的合作和支持。问卷和答案是问卷的主体，包括调查对象的基本资料、行为和态度方面的问题。

（五）论述题

1. 答：社会调查的方式主要有：全面调查、抽样调查、典型调查和个案调查。

（1）全面调查。全面调查是在较大范围内对被研究对象所包括的全部单位进行逐一调查。

（2）抽样调查。抽样调查是从研究总体中抽取部分对象进行调查，并用样本资料来推测或代表总体情况的调查方法。抽样调查常用于所要研究的单位很多，不可能或不需要对所有总体单位进行调查的情况。主要有简单随机抽样、等距抽样、分层抽样、整群抽样。

（3）典型调查。典型调查是从调查研究的总体中选取一个或几个具有代表性的单位进行全面、深入调查的调查研究方式。

（4）个案调查。个案调查是选择某一社会现象为研究对象，收集与它相关的所有资料，对之进行全面深入的调查和细致分析的研究方式。

2. 答：社会调查收集资料的方法主要有访谈法、问卷法、观察法和文献法。

（1）访谈法。访谈法是指调查员同调查对象直接接触，通过有目的的谈话来收集资料的方法。访谈法能够减少调查对象因文化水平低、理解能力差给调查造成的障碍，所得资料比较细致、详实。

（2）问卷法。问卷法是通过填写问卷来收集资料的一种方法，也是现代社会调查中用得最多的收集资料的方法之一。问卷法主要是用于调查研究者对之还不太了解和比较复杂的问题。

（3）观察法。观察法是调查者通过耳闻目睹收集和积累具体、生动的感性资料的方法。观察法可以准确地记叙发生的事情，获得的资料比较详细；可以量化，便于定量分析；获得资料一般不受观察对象能力的限制；观察法简便易行，灵活性较大。

（4）文献分析法。文献分析法是通过考察文献，从中获得真实地反映社会现象的资料的方法。在第一手资料不够用或不可能取得时，采用第二手资料是常用的方法。文献法获取资料比较方便，省时省力。

3. 答：（1）调查报告是用来反映社会调查研究成果的书面报告，是以文字的形式将调查研究的过程、方法和结果告诉有关读者的手段。

(2) 调查报告的一般结构包括：开头是导言，交待调查的目的、意义和调查研究所使用的方法。接着是正文部分，展示调查到的资料，进行分析。最后是结论，指出本研究的主要发现。

(3) 在撰写调查报告时，要注意以下几点：第一，主题突出，层次分明。第二，尊重事实，科学地运用资料。第三，概念明确，推理正确。第四，语言生动，文章精练。

(六) 材料分析题

1. 答：根据材料中显示的调查报告，该问卷设计中存在很大的问题。

(1) 关于同学们每个月生活费的问卷设计没有做到选项穷尽。四个选项中没有包括生活费超过600元的同学。应将17%补充为600元以上。

(2) 关于同学们家庭状况的问题，其问题设计表明问卷设计者对于调查没有做前期资料的准备。现代社会已经不再是一个两极分化的社会，除了有贫困和富裕阶层外，还有中产阶级。这个问题设计不能反映当前学生中的社会分层。

(3) 关于同学们入党的目的，这个问题设计虽然做到了穷尽，但是有52%的人选择了其他，说明在问题设计中丢失掉了重要信息，把最能反映同学入党目的的选项漏掉了。

(4) 关于同学上网的目的，没有做到选项之间的互斥性。在选项上互相包含，其中第四个选项浏览网页可以包含其他几个选项。

2. 答：根据材料，可以做一个现代大学生消费现状的调查。

(1) 选择研究题目。通过查阅文献，请教专家和对大学生的初步接触，同时根据研究者的财力和能力，选定题目：X市大学生消费现状调查。做一个大学生消费现状的描述性研究。

(2) 提出研究假设。基于这是一个描述性研究的前提，可以提出这样的假设：在X市大学生消费中普遍存在高消费现象。

(3) 对概念进行操作化定义，把高消费等抽象概念进行操作化，操作化到可以具体测量的程度。

(4) 选择调查方式与方法。本研究可以选择问卷法和访谈法。对于调查对象的选择，从X市大学生总体样本中先按照简单随机抽样，抽取十所大学，然后再按照分层抽样从每个大学不同年级中共抽取100名学生，一共1000名大学生样本做问卷调查。然后再随机在这十个大学中抽取20名大学生，共200名做深度访谈。

(5) 调查准备工作。从每个大学的学生会中选拔10名大学生做调查员，进行培训。联系各大学学生工作处，取得他们的支持，设计具体调查方案，包括调查点的选择、时间安排、工作分配、资料汇总、录入、分析等步骤。

（6）开始实施问卷和访谈，时间为 20 天。

（7）将资料收集汇总，进行统计分析，对访谈资料进行文本分析。根据分析结果验证最初提出的研究假设。

（8）最后撰写调查报告。

后记

为配合我校社会学通识教育，我们编写了《社会学教程习题集》一书。在本书中，我们对社会学基本理论及其重点、难点问题进行了梳理与分析，同时还提供不同类型的习题供学生练习，目的是帮助学生更好地学习、理解社会学理论知识，更好地认识社会现实。

全书分为十章，每章包括五部分内容：

一是学习目的和要求。通过概要介绍该章的学习目的与要求，让学生了解学习该章内容所要达到的目标。

二是内容提要。通过对该章基本内容的简单归纳，让学生对该章内容有一个整体认识。

三是重点、难点问题解析。通过对该章几个问题的分析解答，让学生理解具体的社会学理论知识及其运用。

四是练习题。通过练习不同类型的习题，可以让学生多角度地理解社会学的理论知识。

五是参考答案要点。通过列出参考答案要点，学生可以对照检查自己完成练习的情况，从而更进一步地加深他们对社会学基本理论的认识与理解。

本书主编刘芳（西南财经大学马克思主义学院教授）系统拟定了写作大纲并承担了全书的修改和统稿工作。副主编陈运、黄世坤协助主编做了相关工作。

本书是多人合作的结果，撰写各部分内容的作者如下：

第一、二章：陈运（西南财经大学人文学院教师）；

第三、四章：冯华（西南财经大学公共管理学院副教授）；

第五章：黄世坤（西南财经大学马克思主义学院讲师）；

第六、七章：谢海欣（四川大学公共管理学院 2007 级宗教社会学博士研究生）；

第八章：刘芳、邱霞、于小杏（西南财经大学人文学院教师）；

第九章：蓝李焰（西南民族大学讲师）；

第十章：邱霞（西南财经大学人文学院教师）。

本书从编写到出版均得到了西南财经大学马克思主义学院领导、出版社领导等的大力协助和支持，在此表示衷心的感谢！

限于作者水平，书中难免存在不妥之处，恳请专家学者和读者批评指正。

刘芳

2009 年 5 月

图书在版编目(CIP)数据

社会学教程习题集/刘芳主编;陈运,黄世坤副主编. 成都:西南财经大学出版社,2009.6(2013.7 重印)
ISBN 978-7-81138-354-6

Ⅰ.社… Ⅱ.①刘…②陈…③黄… Ⅲ.①社会学—高等学校—习题 Ⅳ.C91-44

中国版本图书馆 CIP 数据核字(2009)第 082491 号

社会学教程习题集

主 编:刘芳
副主编:陈运 黄世坤

责任编辑:王利
封面设计:穆志坚
责任印制:封俊川

出版发行	西南财经大学出版社(四川省成都市光华村街 55 号)
网 址	http://www.bookcj.com
电子邮件	bookcj@foxmail.com
邮政编码	610074
电 话	028-87353785 87352368
印 刷	四川森林印务有限责任公司
成品尺寸	170mm×240mm
印 张	12.25
字 数	210 千字
版 次	2009 年 6 月第 1 版
印 次	2013 年 7 月第 3 次印刷
印 数	8001—11000 册
书 号	ISBN 978-7-81138-354-6
定 价	21.80 元

1. 版权所有,翻印必究。
2. 如有印刷、装订等差错,可向本社营销部调换。
3. 本书封底无本社数码防伪标志,不得销售。